साहसिक यात्री गुलीवर-2

Gulliver's Travels का हिन्दी अनुवाद

स्वर्ण जयंती

शाहदरा, दिल्ली-110032

किशोर कथा माला

साहसिक यात्री गुलीवर

2

जोनाथन स्विफ़्ट के

Gulliver's Travels

का हिन्दी अनुवाद

स्वर्ण जयन्ती
1/5971, कबूल नगर, शाहदरा, दिल्ली-110032

ISBN : 978-81-88599-18-9

संस्करण : 2005

मूल्य : 175.00

मेहरा ऑफसेट, नयी दिल्ली-110002
द्वारा मुद्रित

लापुत बाल्नी बारबी लग्नैल ग्लबडबड्रिव और जापान की यात्रा

1

मुझे घर आये हुए दस दिन भी नहीं हुए थे कि कप्तान विलियम रोबिन्सन एक दिन मेरे घर आये। कोरनिश निवासी यह कप्तान तीन सौ टन के मजबूत जहाज होपवेल के कमांडर थे। पहले मैं एक जहाज में डॉक्टर था और वे इसी जहाज के मालिक थे। लेवेंट यात्रा करते समय उस जहाज के मालिकों में से एक थे। उन्होंने मुझे सदैव ही अपने भाई की तरह माना और कभी भी कर्मचारी नहीं समझा। यह सुनकर कि मैं घर आ गया हूँ वह मुझसे मिलने आए मेरे लिए उस समय मेरा विचार था कि वह केवल दोस्ती निभाने के लिये आया है। यह कोई नयी बात नहीं थी क्योंकि बहुत दिनों के बाद जब कोई अपने घर आता है तो बहुत से लोग उससे मिलने के लिये आते हैं। लेकिन अब वह अक्सर मुझसे मिलने आने लगा। उसने खुशी प्रकट की कि अब मेरा स्वास्थ्य ठीक हो लगा। उसने मुझसे पूछा कि क्या मैं अब घर पर ही रहूँगा। यह भी बतलाया कि वह दो महीने में वह ईस्ट इंडीज की यात्रा करना चाहता है। अंत में उसने माफी माँगते हुए स्पष्ट रूप से कहा कि मैं उसके जहाज पर डॉक्टर की हैसियत से काम करूँ। उसने मुझे बतलाया कि मेरे अधीन एक डॉक्टर दो अन्य सहायक डॉक्टरों के साथ होंगे और मुझे दोगुना वेतन मिलेगा। अनेक यात्राएँ करने के कारण उसने मेरे समुद्री ज्ञान को अपने ज्ञान के बराबर ही माना। वह मेरी सभी सलाहें मानने को तैयार है। लग रहा था कि वह मुझे जहाज में एक साझेदार की हैसियत से ले जाना चाहता था।

इसके अतिरिक्त उसने बहुत सी और भी बातें कहीं। मैं जानता था कि वह बड़ा ईमानदार आदमी है। आखिरकार में मैं उसके प्रस्ताव को अस्वीकार न कर सका। दुनिया देखने की मेरी इतनी प्यास थी कि मैं पिछली मुसीबतों और दुखों को भूल गया। अब मेरे सामने केवल एक कठिनाई थी कि मैं अपनी पत्नी को किस प्रकार मनाऊँ। मैंने बच्चों के सुनहरे भविष्य के बारे मे बतलाकर यात्रा के लिये उसकी अनुमति प्राप्त कर ली।

15 अगस्त, 1706 को हम लोग रवाना हुए। 11 जून, 1707 को सेंट जॉर्ज के किले में पहुँच गये। हम लोगों के कुछ आदमी बीमार हो गये थे। अतः उनका उचित इलाज और आराम दिलाने तथा अन्य लोगों के स्वस्थ हो जाने के लिये हम यहाँ तीन सप्ताह तक रुके रहे। यहाँ से हम लोग टोन कुइन गये। कप्तान का इरादा वहाँ कुछ दिन ठहरने का था। जो सामान वह लेना चाहता था वह तैयार नहीं था। यहाँ तक कि कई महीनों तक उसके मिलने की उम्मीद भी न थी। इसलिये यहाँ के खर्चे को चलाने के लिये कप्तान ने एक मस्तूलवाला छोटा जहाज खरीद लिया। विभिन्न प्रकार की वस्तुओं को उसमें भरकर, उसे रवाना किया गया। इस छोटे जहाज पर चौदह आदमी रखे गये थे। तीन स्थानीय थे। कप्तान ने मुझे इस जहाज का मालिक बना दिया और निश्चित किया कि वह स्वयं टोन कुइन से उसकी देख-रेख करेगा।

अभी तीन दिन भी यात्रा पूरी न कर पाई थी कि एक भयंकर तूफान आ गया। पाँच दिन तक हम लोग कभी उत्तर कभी उत्तर-पूर्व और अंत में पूर्व की ओर तेज तूफान की टक्करें खाक़र बहते रहे। इसके बाद मौसम कुछ ठीक हुआ परंतु अब भी पश्चिम से तेज हवा चल रही थी। दसवें दिन दो समुद्री डाकुओं के जहाजों ने हम लोगों का पीछा किया। जल्दी ही हम लोग उनकी पकड़ में आ गए। हम लोगों का जहाज अधिक लदा होने के कारण बहुत धीरे चलता था। इसके अलावा हम लोग अपनी रक्षा कर सकने में समर्थ नहीं थे।

डाकुओं ने हम लोगों को जहाज की छत पर घेर लिया। ये लोग साथियों के साथ बड़ी तेजी से आये परंतु हम सभी को जमीन पर पेट के बल लेटे पाया (मैंने ऐसी आज्ञा दी थी) उन लोगों ने मजबूत रस्से से हम लोगों को बाँध दिया और एक पहरेदार छोड़कर वे लोग जहाज की तलाशी लेने चले गये।

उन लोगों में एक डच भी था जो कोई गिरोह का प्रमुख मालूम पड़ रहा

था। फिर भी वह दोनों जहाजों में से किसी का भी मालिक नहीं था। हम लोगों की मुखाकृतिए उसने जान लिया कि हम सब अंग्रेज हैं। वह हम लोगों की ही भाषा में बड़बड़ाने लगा। उसने दावे से कहा कि सभी को समुद्र में फेंक दिया जायगा। मैं डच भाषा थोड़ी-थोड़ी बोल लेता हूँ। ईसाई प्रोटेस्टेंट तथा पड़ोसी मित्र देश के होने के नाते मैंने उससे प्रार्थना की कि वह कप्तान से हम लोगों पर दया करने की सिफारिश कर दे। इससे वह और गुस्सा हो गया। उसने दुबारा धमकी दी। उसने अत्यंत क्रोध से अपने साथियों की ओर घूमकर शायद जापानी भाषा में कई बार ईसाई शब्द को दोहराया। डाकुओं का यह बड़ा जहाज, एक जापानी कप्तान के नेतृत्व एवं संरक्षण में था। शुद्ध भाषा में वह थोड़ी डच बोल लेता था।

मेरे पास आकर उसने कई प्रश्न पूछे जिनका उत्तर मैंने अत्यंत नम्रता से दिया। उसने कहा कि हम लोग मारे नहीं जाएँगे। थोड़ा झुककर मैंने कप्तान से कृतज्ञता प्रकट की। उस डच-निवासी की ओर घूमकर मैंने कहा कि अत्यंत दुख की बात है कि एक ईसाई की अपेक्षा एक मूर्तिपूजक में दया की मात्रा अधिक है। परंतु इन मूर्खतापूर्ण शब्दों के लिये मुझे जल्दी ही पश्चात्ताप करना पड़ा। उस दुष्ट और पापी ईसाई ने पहले तो दोनों जहाजों के कप्तानों से मुझे समुद्र में फेंक दिया जाये। परंतु वे लोग इस बात पर राजी न हुए क्योंकि उन्होंने मुझे न मारने का वायदा किया था। अंत में उसने मृत्यु से भी भयंकर दंड की योजना मेरे लिये बनवा दी। डाकुओं के दोनों जहाजों में मेरे आदमी आधे-आधे भेज दिये गये। मेरे जहाज का प्रबंध नये आदमियों को दे दिया गया। मुझे पतवार वाली एक छोटी नाव दी गयी। चार दिन के खाने का सामान भी मेरी नाव पर रखवा दिया गया। अंत में जापानी कप्तान ने दया करके अपने स्टोर से मेरे खाने का सामान गना करवा दिया। जब मैं छोटी नाव में उतरा तो वह डच निवासी डेक पर खड़ा अपनी भाषा की सभी गालियों और अपमानजनक शब्दों से मुझे विभूषित कर रहा था।

डाकुओं की इस घटना के करीब आधा घंटा पहले मैंने एक परीक्षण के द्वारा यह पता लगाया कि हम लोग उस समय 46 उत्तर अक्षांश और 183 रेखांश पर थे। जब हम लोग डाकुओं से कुछ ही दूरी पर थे तो मैंने अपनी जेबी दूरबीन से पता लगाया कि दक्षिण-पूर्व में कई द्वीप हैं। हवा साफ और अनकूल होने के

कारण मैं डाँड उठाये था। उस समय मेरा इरादा नजदीक के द्वीप में पहुँच जाने का था। तीन घंटे में मैं वहाँ पहुँच गया। यहाँ चट्टानें ही चट्टानें थीं। किसी तरह मुझे चिड़ियों के बहुत से अंडे मिल गये। समुद्री सूखे नरकुलों की सहायता से मैंने आग जलायी और अंडों को भूना। इसके अलावा मैंने कुछ भी न खाया। मैंने इरादा कर लिया था कि जहाँ तक हो मैं खाने के सामान को बचाऊँ। एक चट्टान के नीचे मैंने रात को शरण ली। झाड़ी के कुछ डंठलों को नीचे बिछाकर मैं वहाँ आराम से सो गया।

दूसरे दिन मैं पास के दूसरे, तीसरे और चौथे द्वीप पर गया। मैं कभी पतवार से और कभी-कभी डाँड से नाव को चलाता था। अब मैं पाठकों को अपनी और मुसीबतें बताकर दुखी करना नहीं चाहता। इतना कह देना ही काफी होगा कि पाँचवें दिन मुझे अंतिम द्वीप दिखाई पड़ा जो पहले वाले द्वीप के दक्षिण-पूर्व की ओर था।

मेरी आशा के विपरीत यह द्वीप काफी दूर था। करीब पाँच घंटे में मैं वहाँ पहुँच पाया। इससे पहले कि मैं उतरने के लिये कोई सुरक्षित स्थान खोज सकूँ मैंने उस द्वीप के चारों ओर चक्कर लगाया। अंत में मुझे मेरी नाव से तिगुनी चौड़ी एक खाड़ी मिल गयी। इस द्वीप में मुझे चारों ओर केवल चट्टानें ही चट्टानें दिखायी पड़ीं। केवल कुछ घास के पौधे, खुशबूदार जड़ी-बूटियाँ इधर-उधर लगीं थीं। मैंने अपना खाने-पीने का सामान निकाला और थोड़ा खाकर बचे हुए सामान को एक गुफा में रख दिया। इन गुफाओं की संख्या यहाँ बहुत ज्यादा थी। चट्टानों पर से मैंने अंडे इकट्ठा कर लिये। इसके अलावा मैंने समुद्री नरकुल और सूखी घास भी इकट्ठा कर ली। दूसरे दिन मैंने इन्हीं के द्वारा आग जलाकर अंडा भूनना चाहा (क्योंकि मेरे पास चकमक पत्थर, लोहा, घड़ी और जलानेवाला शीशा था) जिस गुफा में मैंने सामान रखा उसी में मैं रात-भर पड़ा रहा। समुद्री नरकुल और सूखी घास को मैंने अपना बिस्तर बनाया। मैं बहुत कम सो पाया क्योंकि दिमागी व्याकुलता ने मुझे थकावट महसूस न होने दी। मैं जागता रहा और यह सोचता था कि ऐसी सुनसान जगह में जीवित रहना असम्भव है। मेरा अंत अब यहीं दुखदाई होगा। मैं इतना उदास और निराश हो गया कि उठने की इच्छा नहीं हो रही थी। इससे पहले कि मैं गुफा से उठकर बाहर आ सकूँ मैंने

देखा कि दिन अच्छी तरह निकल आया है। कुछ दूर तक मैं चट्टानों पर चलता रहा। आकाश बिल्कुल साफ था और सूरज इतना तेज था कि मुझे मजबूरन उसकी ओर से मुँह हटा लेना पड़ा। लेकिन अचानक ही वह गायब हो गया। सूर्य का इस तरह दिख जाना उसके बादलों में छिप जाने से बिल्कुल भिन्न था। मैं पीछे की ओर घूमा तो सूर्य और अपने बीच में मुझे एक बहुत बड़ी गन्दी आकृति दिखाई पड़ी। वह द्वीप की ओर से बढ़ी चली आ रही थी। यह आकृति करीब दो मील ऊँची थी। छः या सात मिनट तक सूर्य इससे छिपा रहा। परंतु हवा में कतई ठंडक नहीं थी, न आकाश ही में अँधेरा मालूम पड़ा जैसा कि कभी-कभी पहाड़ की छाया में खड़े हो जाने से मालूम पड़ता है। जैसे ही वह मेरे नजदीक आयी मुझे मालूम हुआ कि यह कोई बड़ी वस्तु है और जिसका तल चपटा और

चिकना है। नीचे समुद्र की छाया पड़ने से यह बहुत तेजी से चल रहा था। समुद्र के किनारे के करीब 200 गज की ऊँचाई पर मैं खड़ा हुआ था। मैंने देखा कि यह बहुत बड़े आकारवाली वस्तु मुझसे विपरीत आधे मील से भी कम दूरी पर चली आ रही है। मैंने अपना जेबी शीशा निकाला और आसानी से पता लगा लिया कि कुछ आदमी उसके ऊपर-नीचे घूम रहे हैं। वह कुछ ढालू दिखाई पड़ रही थी परंतु मैं यह जान न सका कि यह लोग क्या कर रहे हैं।

प्रारंभिक जीवन से ही प्रेम होने के कारण मेरे अंदर आनंद की लहरें उठने लगीं। मुझे आशा थी कि इस घटना के द्वारा मुझे किसी तरह इस सुनसान जगह और दशा से शीघ्र ही मुक्ति मिलने में अवश्य ही सहायता मिलेगी। परंतु साथ-ही-साथ पाठक मेरे आश्चर्य की कल्पना नहीं कर सकते कि मुझे हवा में चलता एक द्वीप आ दिखाई पड़ा। उस पर आदमी बसते थे। जो (जैसा कि मुझे मालूम पड़ा।) अपनी इच्छानुसार उठ, बैठ और चल-फिर भी सकते हैं। परंतु उस समय मेरी ऐसी दशा न थी कि मैं इस बात के बारे में दार्शनिकता से सोचता। मैंने तो उस समय यह देखना ही पसंद किया कि यह द्वीप किधर जा रहा है। मुझे ऐसा मालूम हुआ कि कुछ देर कि लिये वह बिल्कुल रुक सा गया था। परंतु थोड़ी ही देर के बाद वह फिर आगे की ओर नजदीक बढ़ता हुआ दिखाई पड़ा। मैंने देखा कि उसके किनारों पर थोड़ा-थोड़ी दूर पर कई दालान और चढ़ने-उतरने के लिये सीढ़ियाँ बनी थीं। सबसे नीचेवाले दालान में मैंने देखा कि कुछ लोग लम्बी-लम्बी तिरछी छड़ों से मछलियाँ पकड़ रहे थे और कुछ देख रहे थे। मैंने अपनी टोपी हिलाई कि मेरी हैट बहुत फट गयी थी। मेरा रुमाल द्वीप की ओर था। नजदीक आ जाने पर मैंने अपनी पूरी ताकत से शोर मचाकर ध्यान से देखने लगा। मैंने देखा कि मेरी ओर से किनारे पर एक भीड़ इकट्ठा हो गयी थी। वे लोग मेरी ओर देखकर आपस में इशारेबाजी कर रहे थे। मैंने देखा कि उन लोगों ने मेरी पुकार का कोई उत्तर न दिया; परंतु मैंने देखा कि चार या पाँच आदमी बहुत जल्दी दौड़ती हुए सीढ़ियों पर चढ़कर द्वीप की चोटी पर जा पहुँचे। इसके बाद वे लोग गायब हो गये। मैंने उस समय सही अंदाजा लगाया कि उन लोगों किसी अफसर के पास आज्ञा लेने के लिये भेजा गया था।

धीरे-धीरे लोगों की संख्या बढ़ने लगी। आधे घंटे के अंदर ही सारा द्वीप

हिलकर इस तरह उठ गया कि नीचे वाले दालान मेरे खड़े होने की जगह से लगभग सौ गज की दूरी पर आ गया। अत्यंत नम्र होकर मैं उन लोगों के सामने झुक गया। अत्यंत विनीत स्वर में मैं उनसे बोला। परंतु कोई उत्तर न मिला। जो लोग मेरे सामने और नजदीक खड़े थे उनकी आदतों से मुझे मालूम हो गया कि ये लोग उच्च श्रेणी के व्यक्ति थे। अक्सर मेरी ओर देखकर वे लोग आपस में उत्साहपूर्वक बात करने लगते थे। अंत में उनमें से एक आदमी साफ नम्र और मीठी प्राकृत भाषा में चिल्लाया। यह भाषा इटालियन भाषा की ही भाँति थी। अतः मैंने उसी भाषा में उत्तर दिया। परंतु हम एक दूसरे की भाषा बिल्कुल नहीं समझ सके। फिर भी उन लोगों ने सहज ही जान लिया कि मैं कितनी मुसीबत में हूँ।

उन लोगों ने इशारा किया कि मैं चट्टान से उतरकर किनारे की ओर जाऊँ। मैंने ऐसा ही किया। उड़ता हुआ द्वीप काफी ऊँचाई पर उठा लिया गया। उसका किनारा ठीक मेरे ऊपर पर उठा लिया गया। नीचे वालों दालान में एक जंजीर लटका दी गयी। इसके सिरे पर बैठने की जगह बनी हुई थी। मैं उसमें बैठ गया और गर्रियों के सहारे ऊपर खींच लिया गया।

2

वहाँ पहुँचने पर मैं भीड़ से घिर गया परंतु मेरे निकट खड़े लोग बुद्धिमान् मालूम पड़ रहे थे। उन लोगों ने मुझे अत्यंत आश्चर्य से देखा। वास्तव में मैं भी उन लोगों का अत्यंत ऋणी था। इसके पहले मैंने भी कभी इस प्रकार की जातिवाले विचित्र आकृति, चेहरे और आदतों वाले मनुष्यों को नहीं देखा। उन लोगों के सिर दायीं या बायीं ओर झुके हुए थे। इनकी एक आँख भीतर की ओर घुसी थी और दूसरी ऊपर की ओर आगे उठी थी। उनके बाहर वाले कपड़ों पर सूर्य, चंद्रमा और नक्षत्रों की आकृतियाँ बनी थीं। इसके अलावा उन लोगों के कपड़ों पर सितार, बाँसुरी, सारंगी, तुरही, नगाड़े, बीन तथा गाने-बजाने के और भी यंत्र (जो यूरोप में प्रचलित नहीं हैं) अंकित थे। मैंने देखा कि कुछ लोग नौकरों की

भाँति मशाल की तरह एक छोटी लकड़ी में फूला हुआ गुब्बारा फँसाकर अपने हाथों में लिये इधर-उधर घूम रहे हैं। मुझे बाद में बतलाया गया कि प्रत्येक गुब्बारे में कुछ सूखी मटर या छोटे-छोटे चमकीले पत्थर के टुकड़े भरे थे। इन गुब्बारों को ये लोग पास खड़े हुए आदमियों के मुँह और कानों पर कभी-कभी फड़फड़ा देते थे। उस समय मैं इसका मतलब न समझ सका। ऐसा मालूम होता है कि इन लोगों का दिमाग सोचने-विचारने में इतना मग्न रहता है कि ये लोग न तो बात करते हैं और न दूसरे की बातों को सुनते ही हैं। जब तक सुनने और बोलनेवाले के अंगों का स्पर्श बाहर से न किया जाये तब तक ये लोग न तो कोई बात सुनते और न बोलते ही हैं। इस कारण जिन लोगों की सामर्थ्य है वे सदैव अपने खानदान में एक फड़फड़ाने वाला आदमी रखते हैं। (उन लोगों की भाषा में ऐसे लोगों को विमलेनोल कहा जाता है) यह आदमी उनके नौकर की तरह रहता था। ये लोग इस आदमी के बिना न तो कहीं बाहर जाते थे और न किसी से मिलते ही थे। इस कर्मचारी का यह काम रहता था कि जब दो-तीन या अधिक आदमी साथ में हों और किसी को बोलना हो तो उसके मुँह में वह गुब्बारा बजा दे। जिस आदमी या आदमियों के लिये बात कही जाती थी तो उसके दाहिने कान में वही गुब्बारा बजा दिया जाता था। इसी तरह यह नौकर बड़ी तत्परता से अपने मालिक के साथ उस समय भी रहता था जब कि वह टहलने के लिये जाता था। अक्सर कई मौकों पर वह अपने मालिक की आँखों पर धीरे से गुब्बारा बजा देता था क्योंकि वह विचारों में इतना तल्लीन होता था कि किसी खाँई-खन्दक या कीचड़ में उसके गिर जाने का भय रहता था। यह भी डर रहता था कि कहीं उसका सिर किसी खम्भे से न टकरा जाये। सड़कों पर दूसरे लोगों को कहीं वह धक्का न दे दे या दूसरे लोगों के धक्के से कहीं वह किसी नाली या परनाले में न गिर जाय।*

* इस स्थान पर स्विफ्ट महोदय सर आइजक न्यूटन की ओर संकेत कर रहे हैं। न्यूटन के विचारों की तल्लीनता के दौरों से स्विफ्ट महोदय बहुत अच्दी तरह परिचित थे। कई बार जैसा कि स्विफ्ट कहा करते थे कि सर आइजक न्यूटन के नौकर ने उन्हें एक सीढ़ी पर चढ़े पाया जो हाथ की किताब को पढ़ने में इतने तल्लीन थे कि खाने के लिये कई बार बुलाने पर भी वे न सुन सके जब तक कि उनके नौकर ने उन्हें जाकर धीरे से न हिलाया। वह महान् दार्शनिक उस समय चौरासी वर्ष का था और उसकी मौत में कुछ ही महीने बाकी थे। अतः वह हल्के आक्षेप वाक्यों के लिये भी उपयुक्त न थे। परंतु उसके अड्डु के घृणित सिक्कों ;ब्वचचमतेद्ध को राजसी सहायता दी थी। इस अपराध के लिये उसे अधिकारी (डीन) भी आसानी से क्षमा न कर सके।

पाठकों को यह बात भी बता देना अति आवश्यक है कि (अन्यथा मेरी भाँति उन्हें भी उन लोगों की कार्रवाही समझने में बहुत मुश्किल पड़ेगी।) वे लोग मुझे सीढ़ियों के द्वारा द्वीप की चोटी पर ले गये और वहाँ से राजा के महल में ले गये। जब हम लोग चढ़ रहे थे तो कई बार वे लोग भूल गये कि वे कहाँ जा रहे हैं और मुझे छोड़ दिया, परंतु उनके नौकरों के उसी प्रकार सचेत करने से वे फिर चौंके। ऐसा मालूम होता है कि मेरी विदेशी आदतों और आकृति को देखकर उन लोगों पर कोई असर न पड़ा, इसके अलावा देहाती और असभ्य लोगों की पुकारों का भी उन पर कोई असर न पड़ा।

अंत में हम लोग राजमहल में प्रवेश कर बैठक में आये। यहाँ मैने देखा कि राजा सिंहासन पर बैठा हुआ है और विशेष पदाधिकारी उसके दोनों ओर बैठे हैं।

सिंहासन के सामने एक बड़ी मेज रखी थी। उस पर नक्शे और गणित के कई यंत्र रखे थे। महाराज ने हम लोगों की ओर ध्यान भी न दिया यद्यपि हम लोगों के भीतर आने पर दरबार के आदमियों ने काफी शोर किया था। परंतु वे एक समस्या के समाधान में तल्लीन थे। हम लोग करीब एक घंटे तक वहाँ खड़े रहे। जब महाराज ने उस समस्या को सुलझा लिया तब मेरी ओर ध्यान दिया। राजा के दोनों ओर एक-एक जवान हाथों में गुब्बारा लिये थे और जब ये लोग देखते थे कि राजा का समय खाली है तो उनमें एक राजा के मुँह और दूसरा दाहिने कान पर गुब्बारा बजा देता था। इस पर वह ऐसा चौंकता था मानो एकदम जग गया हो। उसने मुझे और मेरे साथ के दूसरे लोगों की ओर देखा और विचार करने लगा कि ये लोग क्यों आये हैं यद्यपि राजा को पहले ही मेरे बारे में बतला दिया गया था। राजा ने कुछ शब्द कहे, फौरन एक जवान आदमी ने मेरे दाहिने कान पर गुब्बारा बजा दिया परंतु मैंने अपनी सामर्थ्य के अनुसार इशारा किया कि मुझे इस प्रकार के यंत्रों का प्रयोग नहीं आता है। बाद में मुझे मालूम हुआ कि सम्राट् तथा दरबार के अन्य लोग मुझे कम योग्यता और बुद्धि का समझते थे। जहाँ तक मेरा अनुभव है राजा ने मुझसे कई प्रश्न पूछे। मैंने उसे अपने बारे में सभी भाषाओं में बतलाया। किंतु जब यह मालूम हुआ कि न तो मैं समझ सकता हूँ और न समझा सकता हूँ तो राजा की आज्ञानुसार मुझे उसी राजमहल के दूसरे कमरे में ले जाया गया। यह राजा अनजान आदमियों का बहुत सत्कार करता था। सेवा के लिये मुझे दो नौकर दिये गये। मेरा खाना लाया गया। चार बड़े अफसरों ने मेरे साथ भोजन करके मेरा सम्मान बढ़ाया। हम लोगों को दो बार खाना परोसा गया। हर बार तीन तश्तरियाँ रखी गयीं। पहली बार एक तश्तरी में समभुज त्रिकोण की शक्ल का कटा हुआ भेड़ के कंधे का मांस था। दूसरी में विषम कोण के आकार में गो-मांस और तीसरी में अंडाकार वृत्त तैयार आकार का बना हुआ मांस तथा अन्न से पकवान रखा था। दूसरी परोस की पहली तश्तरी में तो चिकोरे के आकार की बत्तखें सजायी गयी थीं। दूसरी तश्तरी में मसाला लगे हुए मांस तथा अन्न के पकवान से बाँसुरी और शहनाई के आकार का बना हुआ मांस और तीसरी तश्तरी में बीन बाजे के आकार का बछड़े की छाती का मांस रखा था। नौकरों ने रोटियाँ नोकदार बेलन के आकार की समानांतर चतुर्भुज और गणित के दूसरे आकारों की तरह काटी थी।

भोजन करते समय मैंने कुछ चीजों के नाम उनकी भाषा में पूछने का साहस किया। उन सभ्य पुरुषों ने अपने बाजेवालों की सहायता से सहजता से पूर्वक उत्तर दिये। उनको आशा थी कि यदि मैं उनकी भाषा में बात कर सकूँ तो मैं उन लोगों के विशेष गुणों का आदर और सम्मान करने लगूँगा। जल्दी ही मैं शराब तथा अन्य आवश्यक आवश्यक वस्तुएं उनकी भाषा में मांगने लगा।

भोजन के पश्चात् ये लोग चले गये। राजा की आज्ञानुसार एक मनुष्य मेरे पास भेजा गया जिसके साथ एक बाजा बजाने वाला नौकर भी था। वह अपने साथ कलम, दवात, कागज और तीन-चार किताबें भी लाया था। इशारों से उसने मुझे समझाया कि वह मुझे इस देश की भाषा सिखाने के लिये भेजा गया है। हम लोग चार घंटे तक साथ-साथ बैठे रहे। इस बीच में मैंने कागज के एक सिरे पर कुछ शब्द अनुवाद सहित लिख लिये। इसी तरह मैंने छोटे-छोटे वाक्यों को लिखने का अभ्यास किया। मेरे मास्टर ने एक आदमी को बुलाकर उससे कोई चीज लाने, घुमाने, झुकने, बैठने, खड़े होने, टहलने या इसी तरह की और बहुत-सी बातें करने के लिये कहा। मैंने इन वाक्यों को लिख लिया। उसने मुझे एक किताब में सूर्य, चंद्रमा, नक्षत्र, राशि, चक्र, विषुवत् रेखा के समीप के प्रदेशों तथा ध्रुव प्रदेश के गोलार्द्धों के चित्र और कुछ मैदानों तथा ठोस वस्तुओं के नाम दिखलाये। उसने मुझसे सब बाजों को बजाने की कला में साधारणतया किन शब्दों और बातों का प्रयोग किया जाता है, भी बताया। जब वह चला गया तो मैंने सभी शब्दों की व्याख्या के साथ वर्णमाला के अक्षरों के अनुसार लिख लिया। इस तरह कुछ ही दिनों में अपनी स्वामिभक्ति तथा स्मरण शक्ति के कारण मैंने उन लोगों की भाषा सीख ली।

मैंने मूल शब्द लैपुत की व्याख्या उड़ते या बहते हुए द्वीपों से की थी परंतु वास्तव में मैं इस शब्द की उत्पत्ति और इतिहास के बारे में कुछ भी नहीं जानता था। प्राचीन अप्रचलित भाषा में लैप शब्द ऊँचा और उनटुह (untuh) शब्द शासक का द्योतक है। इन लोगों का कहना है कि लैपुंतह (lapuntuh) शब्द बिगड़कर लैपुत (laputa) बन गया है। परंतु मेरे विचार से यह व्याख्या ठीक नहीं है। इसे बहुत कुछ तोड़-मरोड़ दिया गया है। यहाँ के विद्वान् लोगों के सामने अपने व्यक्तिगत विचारों को प्रस्तुत करने का मैंने साहस किया। मैंने कहा कि

लैपुत शब्द लैप आऊटडे नामक शब्दों से बना है। लैप शब्द का अर्थ है समुद्र में नाचती हुई सूर्य की किरणें और आऊटेड का मतलब है कि एकडेना या पंख। इस अर्थ की सत्यता के लिये मैं हठ नहीं करता, केवल इसको मैं न्यायप्रिय पाठकों के सम्मुख प्रस्तुत करता हूँ।

राजा ने जिन लोगों की सुरक्षा में मुझे रखा था उन लोगों ने जब देखा कि मैं गन्दे कपड़े पहने हूँ, तो दूसरे दिन प्रातःकाल एक दर्जी को बुलाया गया। उसने कपड़ों की नाप ले ली। इस दर्जी ने यूरोप से भिन्न तरीकों से अपना काम खत्म किया। सबसे पहले उसने वृत्त के चौथाई भाग के चाँद के द्वारा मेरी लंबाई नापी। फिर रूल और कुतुबनुमा से मेरे सारे शरीर के आकार की नाप ली। इन सब बातों को उसने कागज पर लिख लिया। छः दिन के बाद गणना में एक अंक की गलती हो जाने के कारण* वह बिल्कुल भद्दे कपड़े सिल कर ले आया। लेकिन यह देखकर मुझे संतोष हुआ कि इस तरह की घटनाएँ यहाँ अक्सर हुआ करती हैं और कोई इस पर ध्यान नहीं देता।

कपड़ों की कमी तथा अपने स्वभाव के कारण मुझे कुछ दिनों तक एक प्रकार की कैद में रहना पड़ा। इस बीच में मैंने अपने शब्दकोष को बहुत बढ़ा लिया। जब मैं दुबारा दरबार को गया तो मैं इस योग्य हो गया था कि राजा की बातचीत को समझ सकूँ और उनकी भाषा में कुछ जवाब भी दे सकूँ। महाराज ने आज्ञा दी कि मुझे लेगेड़ों के ठीक उत्तर-पूर्व की ओर द्वीप में ले जाया जाये। लेगेड़ों इस साम्राज्य की राजधानी थी जो इस ठोस जमीन के नीचे थी। यह करीब-करीब नब्बे लीग दूर थी। साढ़े चार दिन में यह यात्रा समाप्त हुई। मुझे यह मालूम न था कि इस द्वीप के द्वारा हवा में तेज प्रवाह उत्पन्न हो जाता है। दूसरे दिन प्रातः 11 बजे के करीब मैंने स्वयं राजा तथा उसके दरबारी सामंत अफसरों को अपने बाजों के साथ तैयार देखा। बिना किसी बाधा के ये लोग तीन घंटे तक बराबर इन यंत्रों के साथ खेलते रहे। शोर और गाने-बजाने की आवाज

* स्काट महोदय का कथन है कि इस स्थल पर यह घटना सर आइजक न्यूटन के ऊपर लिखी गयी है। इसके द्वारा बतलाये गये पृथ्वी से सूर्य की दूरी के आँकड़े प्रकाशित होने के बाद गलत सिद्ध हुए। इसमें सर आइजक न्यूटन की नहीं बल्कि छापनेवाले की गलती थी। जिसने असावधानी से आँकड़े में यह शून्य और बढ़ा दिया था।

सुनकर मैं भौ-चक्का रह गया। जब तक मेरे मास्टर ने मुझे इसके बारे में नहीं बताया मैं कुछ भी समझ न सका। उसने कहा इस द्वीप के लोगों के कान ग्रहों और नक्षत्रों की आवाज सुनने के अभ्यस्त हैं। कभी-कभी ये लोग बाजों के द्वारा आनंद लेते हैं। इस समय दरबारी लोग अपने-अपने प्रिय बाजों के साथ इकट्ठा होकर आनंद मनाते हैं।

लेगेड़ो की यात्रा के दौरान महाराज ने आज्ञा दी थी कि द्वीप को कुछ कस्बों और गाँवों के ऊपर रुकना चाहिए, जिससे यह प्रजा की शिकायतों के सके। इसके लिये कुछ तागों को लटका दिया जाता था। इनके सिरों पर वजन बांधे जाते थे। इन तागों में लोग अपनी शिकायतों को कागज में लिखकर लटका देते थे। ये कागज बरयों द्वारा उड़ाई जाने वाली पतंग की तरह फरफराते हुए उड़ते

थे। कभी-कभी हम लोगों को शराब और खाने-पीने की चीजें भी मिल जाती थीं, जिन्हें गरारियों के द्वारा ऊपर खींच लिया जाता था।

गणित का ज्ञान होने क़े कारण मुझे उन लोगों की वाक्य-रचना समझने में बहुत सहायता मिली। उनकी भाषा अधिकांशतः गणित और संगीत पर आधारित थी। मैं थोड़ा-बहुत संगीत भी जानता था। ये लोग अपने विचार रेखाओं और आकारों के द्वारा प्रगट करते थे। उदाहरण के लिये यदि ये लोग स्त्री या किसी और चीज की सुन्दरता का वर्णन करना चाहते हैं तो तुल्य चतुर्भुजों, वृत्तों, समानंतर चतुर्भुजों, अंड वृत्तों या ज्यामिति के दूसरे शब्दों द्वारा अपने भाव प्रकट करते हैं। इसके अतिरिक्त ये लोग संगीत के शब्दों द्वारा भी अपने भाव प्रकट करते हैं। मैंने राजा के भोजनालय में गणित और संगीत के सभी यंत्र देखे। इन्हीं यंत्रों के अनुरूप खाने की चीजें काटकर मेज पर लगायी जाती थीं।

इन लोगों के मकान बहुत भद्दे बने होते हैं। कोई भी कमरा बराबर कोनों का न था चूंकि वे लोग व्यावहारिक ज्यामिति से घृणा करते हैं तभी इन लोगों के निर्माण इस प्रकार की कमी पायी जाती है। इसको ये लोग अत्यंत असभ्य बुद्धिरहित कहकर घृणा करते हैं। इनके द्वारा अपने कारीगरों को दिये जाने वाले निर्देश इन लोगों की समझ से परे होते हैं। इसी कारण इनके यहाँ लगातार गलती होती ही रहती है। यद्यपि ये लोग कागज, पेंसिल, रूल और विभाजक के प्रयोग में सिद्धहस्त हैं फिर भी व्यावहारिक कार्यों और स्वभाव में इन लोगों से अधिक भद्दे, फूहड़ और अव्यावहारिक आदमी मैंने नहीं देखे। मैंने इन लोगों के समान गणित और संगीत को छोड़, किसी दूसरे विषय पर इतने सुस्त और परेशान आदमी नहीं देखे। इन लोगों में तर्क बहुत बुरा होता है। जब तक उचित मतों पर न आ जायें बहुत जल्दी ये लोग एक-दूसरे के विरोधी हो जाते हैं। कल्पना, विचार और अन्वेषण से ये लोग सर्वथा अपरिचित हैं। इनकी भाषा में न ऐसे शब्द ही है कि जिनके द्वारा इस तरह के विचारों को प्रकट किया जा सके। इन लोगों की समूची विचाराधारा ऊपर उल्लेखित दो कलाओं तक ही सीमित है।

अधिकांश लोग, विशेष रूप से वे लोग जो खगोल शास्त्र से संबंधित हैं, न्यायिक ज्योतिष शास्त्र में बहुत विश्वास रखते हैं। फिर भी सार्वजनिक रूप से इसे स्वीकार करने में इन लोगों को शरम आती है। परंतु मैंने इन लोगों के जिस गुण की बहुत तारीफ की और जो अवर्णनीय है वह था इन लोगों की राजनीति

और सार्वजनिक कार्यों में सतत जागरूकता। ये लोग राज्य के मामलों में भी अपने निर्णय देते थे। बड़े चाव से ये लोग दलगत राजनीति की व्याख्या करते थे। मैंने यूरोप के अधिकांश गणितज्ञों में भी इसी प्रकार की बातें देखी हैं। यद्यपि दोनों शास्त्रों में मैंने इतनी समानता नहीं देखी तथापि यहाँ के लोगों का विश्वास है कि जब छोटे-से-छोटे वृत्त में अनेक लंबी पंक्तियाँ होती हैं तो इस संसार के प्रबंध और शासन को चलाने और अधिकार में रखने में अधिक योग्यता की आवश्यकता नहीं पड़ती। परंतु मेरा विचार है कि यह गुण मनुष्यों की साधारण योग्यता से उत्पन्न होते हैं। इसी कारण मनुष्य उन चीजों में बहुत ही उत्सुकता और मिथ्या विचार रखता है। अध्ययन या स्वभाव से भी हम लोग इन चीजों के बहुत कम अभ्यासी होती हैं।

ये लोग हमेशा चिंतित रहते हैं। ये एक मिनट भी मानसिक शांति का अनुभव नहीं कर पाते। इन लोगों की अशांति के वे कारण हैं जिनसे दूसरे आदमी जरा भी प्रभावित नहीं होते। इन लोगों का भय प्राकृतिक परिवर्तनों की शंका के कारण उत्पन्न होता है। जैसे कि पृथ्वी लगातार सूर्य की ओर बढ़ रही है और कुछ समय में वह उसी में विलीन हो जाएगी। या सूर्य उसे निगल जाएगा या सूर्य धीरे-धीरे अपनी दुर्गंध से ढँक जाएगा और संसार को प्रकाश मिलना बंद हो जाएगा या अभी आखिरी पुच्छल तारे की पूँछ से पृथ्वी बाल-बाल छूते-छूते बच गयी, नहीं तो वह अभी राख में बदल गयी होती। या उन लोगों की गणना के अनुसार इकतीस वर्ष में हम सब लोग नष्ट हो जाएँगे, क्योंकि नक्षत्र का वह भाग जो सूर्य के बहुत नजदीक है धीरे-धीरे वह सूर्य के पास पहुँच जाएगा और पिघले हुए लाल लोहे से दस हजार गुना अधिक गरमी उस पर पड़ेगी। यदि ऐसा न हुआ तो उस पुच्छल तारे के एक लाख मील लंबी पूँछ के स्पर्श से समस्त संसार में आग लग जाएगी और सारी दुनिया राख में बदल जाएगी। सूर्य प्रतिदिन बिना किसी पुष्टिकारक तत्त्व के लिये अपनी किरणें देता है। अंत में उसकी किरणें और प्रकाश कम होकर नष्ट हो जाएगा। इससे सारे संसार का नाश हो जाएगा और जितने भी ग्रह इससे प्रकाश ग्रहण करते हैं वे भी नष्ट हो जाएँगे।

इसी तरह के अनेक भय और आशंकाओं के कारण ये लोग सदैव इतने अशांत रहते हैं कि न तो अपने बिस्तरों पर शांति से सो पाते हैं और ना साधारण

मनोरंजनों या आनंदोत्सवों का आनंद उठा पाते हैं। जब जान-पहचान का कोई आदमी सवेरे मिलता है तो सबसे पहले ये लोग सूर्य की दिशा के बारे में ही पूछते है। डूबने और अस्त होने के समय सूर्य की क्या दशा थी। नजदीक आते हुए पुच्छल तारे से बचने की कितनी आशा है। इस तरह की बातचीत ये लोग उसी तरह आतंकित होकर करते हैं जिस तरह बच्चे भूत-प्रेतों की भयानक कहानियाँ लालच से सुनते हैं और भय के कारण बिस्तर पर जाने का साहस नहीं करते। इस द्वीप की औरतों में बहुत उत्साह है। ये अपने आदमियों की उपेक्षा और तिरस्कार करती हैं। ये विदेशी लोगों की बड़ी शौकीन होती हैं। इसी कारण नीचे के महाद्वीप से काफी लोग में आपसी कस्बों या कारपोरेशन के बाजारों में या और विशेष अवसरों पर सम्मिलित होने के लिये यहां आते हैं। परंतु ये लोग भी घृणा की दृष्टि से देखे जाते हैं। इन लोगों में भी उन्हीं गुणों की कमी होती है। इन्हीं लोगों में से औरतें अपने लिये अच्छे-अच्छे आदमी चुनती हैं क्योंकि इनके पति हमेशा विचारों में मग्न रहते हैं। पति के सामने ही ये औरतें इन आदमियों से बहुत मेल-मिलाव और प्रेम करती हैं। यदि उन पतियों को एक कागज और कुल यंत्र दे दिये जायें तथा उनके पास से बाजा बजाने वाला नौकर हटा दिया जाये तो स्त्रियों के प्रेम-व्यापार को वह जान ही नहीं पाते।

लड़कियाँ और औरतें इस बात के लिये दुखी रहती हैं कि वे द्वीप में कैद कर दी गयी हैं। किंतु मेरा विचार है कि वह स्थान संसार के सुंदरतम स्थानों में से है। वहाँ ये बड़े अधिकार से रहती हैं। हर चीज की यहाँ अधिकता है। इन लोगों को अपनी इच्छानुसार कार्य करने की आज्ञा है। वे संसार को देखना चाहती हैं। राजधानी के मनोरंजनों में भाग लेती हैं परंतु इसके लिये उन्हें राजा की विशेष अनुमति लेनी पड़ती है, जिसका मिलना आसान नहीं होता क्योंकि यहाँ के योग्य लोगों ने कई बार अनुभव किया है कि औरतों को नीचे से दुबारा लौटा कर लाना कठिन होता है। मुझे बतलाया गया है कि दरबार में एक संभ्रांत महिला है जिसके कई बच्चे हैं और जो प्रधानमन्त्री की पत्नी हैं। प्रधानमन्त्री राजधानी का धनवान् और सुंदर व्यक्ति है। अपनी पत्नी को बहुत चाहता है और द्वीप के सुंदरतम महल में रहता है। एक बार तंदुरुस्ती का बहाना करके उसकी पत्नी नीचे लेगेड़ो चली गयी। कई महीने तक वह वहाँ छिपी रही। राजा ने उसे

ढूँढ़ने के लिये वारंट भेजा। वह एक होटल में छिपी हुई थी। वह चिथड़े लपेटे रहती थी। अपने सारे कपड़ों को गिरवी रखकर वह एक बूढ़े और कुरूप नौकर की सेवा करती थी जो उसे रोज मारता था। अपनी इच्छा के विरुद्ध ही वह इस आदमी के साथ रह रही थी। पकड़े जाने पर उसके पति ने बिना कुछ कहे और डाँटे-फटकारे दयालुता से उसका स्वागत किया। परंतु जल्दी ही वह फिर जेवर और जवाहरात लेकर चुपके से उसी नौकर के पास चली गयी, और तब से उसके बारे में कुछ भी न सुनाई पड़ा।

पाठकों को संभवतः यह कहानी इतने दूर देश की अपेक्षा यूरोप य इंग्लैंड की ही लगे परंतु कृपया उन्हें यह बात ध्यान में रखनी होगी कि औरतों की चंचलता केवल किसी देश या जलवायु तक ही सीमित नहीं है, आशा के विपरीत इन लोगों में काफी समानता होती है।

करीब एक महीने में मैंने इन लोगों की भाषा की काफी सीख ली। जब कभी मौका मिलता तो राजा के अधिकांश प्रश्नों के उत्तर देने योग्य अब मैं हो

गया था। महाराज ने मुझसे कानून, सरकार, इतिहास, धर्म और उन देशों के रीति-रिवाजों के बारे में (जहाँ-जहाँ मैं घूम आया था) पूछने की कोई उत्कंठा न दिखायी। राजा के प्रश्न केवल गणित तक ही सीमित थे। बड़ी ही उदासीनता और घृणा से उसने मेरे बयान को सुना। इस बीच कई बार बाजा बजानेवालों ने हर ओर से उसे कई बार उकसाया।

3

मैंने इस द्वीप की अद्भुत चीजों को देखने की अनुमति राजा से माँगी। उसने बड़ी खुशी से इसे मंजूर कर लिया और मेरे मास्टर को आज्ञा दी कि वह मेरे साथ रहे। मुख्य रूप से मैं यह जानना चाहता था कि कला या प्रकृति के किस कारण से यह द्वीप चलता है। अब मैं पाठकों को इसका अदार्शनिक वर्णन बतलाऊँगा।

यह उड़ता या तैरता हुआ द्वीप गोल आकार का है। जिसका व्यास 7837 गज या चार मील का है। परिणामस्वरूप इसमें दस हजार एकड़ जगह है। यह 300 गज मोटा है। सिरा या नीचे की तह जो नीचे से देखनेवालों को एक स्थिर चद्दर की भाँति दिखाई पड़ती है दो सौ गज ऊपर उठी दिखायी पड़ती है। इसमें स्वाभाविक तौर से कई खनिज पदार्थ थे और इसके ऊपर दस या बाहर फिट गहरी मिट्टी का चूरा पड़ा था। द्वीप की परिधि से बीच तक ऊपरी सतह की ढाल के कारण प्राकृत रूप से सारी वर्षा और ओस का पानी जो द्वीप पर गिरता है छोटी-छोटी नदियों के द्वारा बीच में आ जाता है और यहाँ चार बड़े-बड़े तालाबों में खाली हो जाती है। यह तालाब बीच से दो सौ गज की दूरी पर स्थित है और प्रत्येक तालाब आधे मील में फैला हैं। इन तालाबों से दिन में सूर्य पानी ले लेता है, इस कारण इनका बहना बंद हो जाता है। इसके अलावा यहाँ के राजा को यह शक्ति प्राप्त है कि वह इस द्वीप को इच्छानुसार भाप और बादलों से ऊपर उठा दे और इस तरह वह वर्षा और ओस से द्वीप को बचा सकता है। प्राकृतिक तत्त्ववेत्ताओं के अनुसार ऊँचे-से-ऊँचे बादल भी दो मील से ऊपर नहीं उठ सकते कम-से-कम इस देश में तो लोग ऐसा ही मानते हैं।

इस द्वीप के बीच करीब पचास गज व्यास की एक दरार है। इसमें

ज्योतिषी लोग एक बड़ी हवेली के द्वारा उतरते हैं। इसलिये इसे फलोंडोना ग्रेग्री या ज्योतिषियों की गुफा कहते हैं। यह गुफा द्वीप की ऊपरी सतह से सौ गज की गहराई पर स्थित है। इस गुफा में हमेशा बीस लैंप जला करते हैं। द्वीप की परछाईं पड़ने के कारण हर हिस्से में यह तेज रोशनी फेंकते हैं, यहाँ विभिन्न प्रकार के कोण की दूरी नापने के यंत्र, वृत्त के चतुर्थ भाग को नापने के यंत्र, दूरबीनें, ज्योतिष शास्त्र की वेधशालाएँ और दूसरे ज्योतिष यंत्रों का संग्रह है। परंतु सबसे बड़ी आश्चर्यजनक वस्तु जिस पर द्वीप का भाग्य निर्भर है, वह है बहुत बड़े आकार का चुंबक पत्थर। इसका आकार जुलाहे के कपड़ा बनाने वाले यंत्र की तरह था। इसकी लंबाई 6 गज है और कहीं-कहीं मोटाई जगह में नौ गज तक है। यह चुंबक एक मजबूत धुरे से रुका है जो इसके बीच से ही निकला है। इसी पर यह ढुलकता या खेलता है। इसका पसंघा इतना संतुलित है कि एक कमजोर से कमजोर हाथ भी इसे घुमा सकता है। इसके चारों ओर चार फुट गहरा और इतना ही मोटा और बाहर एक गज व्यास का ठोस पदार्थ वाला एक बेलन क्षितिज के समानांतर लगा है। कड़ी धातु के 6 गज ऊँचे आठ पैर लगे हैं। खोखली और बीच में बारह इंच गहरी एक नाली है। इसी में पहिए के छोर रख दिये गये हैं। मौके के अनुसार ये चारों ओर घूमते हैं।

यह पत्थर अपनी जगह से कितनी ही ताकत से भी हटाया नहीं जा सकता, क्योंकि घेरा और उसके पैर कड़ी धातु के एक ही टुकड़े से बने हैं जो द्वीप की तलहटी का अंग है।

इसी चुंबक पत्थर की सहायता से द्वीप को ऊपर-नीचे उठाया जाता है और एक जगह से दूसरी जगह ले जाया जाता है। भूमि के उस भाग में जहाँ कि महाराज शासन करते हैं, पत्थर के एक ओर खींचने और दूसरी ओर फेंकने की शक्तिवाले यंत्र लगे हैं। चुंबक पत्थर को खींचने वाले यंत्र को यदि पृथ्वी की ओर करके सीधा खड़ा कर दिया जाये तो द्वीप नीचे की ओर उतरता है और यदि फेंकनेवाले यंत्र को नीचे की ओर कर दिया जाये तो द्वीप ऊपर की ओर सीधा उठने लगता है। जब पत्थर को टेढ़ा कर दिया जाता है तो द्वीप उसी तरह लगता है क्योंकि चुंबक पत्थर तभी असर दिखाता है जब कि दोनों लाइनें ऊपर-नीचे विपरीत दिशा में हो जाती है।

चुंबक पत्थर को तिरछा रखने से द्वीप महाराज के राज्य के दूसरे भागों की

ओर चलने लगता है। इस चाल की व्याख्या करने के लिये पंक्ति को राज्य के बीच से गुजरते हुए मान लिया गया है। सी, डी पंक्ति चुंबक पत्थर है। सी ओर का सिरा खींचनेवाला, डी ओर का सिरा फेंकनेवाला है। द्वीप सी के ऊपर है। अब चुंबक पत्थर को सी डी की दिशा में रख दिया और फेकनेवाला सिरा नीचे की ओर कर दिया तो द्वीप ऊपर की ओर डी की तरफ तिरछा उठेगा। जब वह डी पर आ जाये तो चुंबक पत्थर को उसकी धुरी की ओर घुमाया गया जब तक कि उसका खींचनेवाला सिरा ई की ओर न हो गया। ऐसी दशामें अब द्वीप ई की ओर तिरछा-तिरछा जाएगा। यहाँ आने पर यदि पत्थर को फिर धुरी की ओर घुमाया जाये तो जब तक वह ई एफ की दशा में न आ जाये और उसका फेंकनेवाला सिरा नीचे की ओर हो तो द्वीप तिरछे-तिरछे एफ की ओर बढ़ेगा। अब यदि खींचनेवाले सिरे को एक की ओर कर दिया जाये तो द्वीप जी की ओर चलने लगेगा और जी से फिर एच की ओर चलने लगेगा। यदि हम चुंबक पत्थर के फेंकनेवाले सिरे को बिल्कुल ठीक सीधे नीचे की ओर कर देंगे। अतः चुंबक पत्थर को और आवश्यकता के अनुसार बदलने से द्वीप को उठाया-गिराया और तिरछा ले जाया जाता है। बारी-बारी से उठाने और गिराने से द्वीप को राज्य के एक भाग से दूसरे भाग को ले जाया जाता है। चुंबक पत्थर के तिरछे पड़ने पर कोई भी प्रभाव नहीं पड़ता है।*

परंतु एक बात का ध्यान रखना चाहिए कि यह द्वीप राज्य की सीमा के बाहर नीचे नहीं जा सकता और न चार मील से अधिक ऊँचाई पर उठ सकता है। इसके बारे में ज्योतिषी लोग निम्नलिखित कारण प्रस्तुत करते हैं। इन लोगों ने चुंबक पत्थर के बारे में बड़े-बड़े मत प्रतिपादित किये हैं। इनका कहना है कि चुंबकीय गुण चार मील से अधिक दूर नहीं रहता। जो खनिज पदार्थ चुंबक पत्थर पर पृथ्वी के पेट से काम करते हैं और जो समुद्र के किनारे से 6 लीग एक प्रभाव रखते हैं। वह सारे संसार में नहीं पाये जाते हैं वरन् इस राजा के राज्य की सीमा तक ही पाये जाते हैं। अतः यहाँ के राजा को ऐसी बढ़िया स्थिति में होने के कारण बहुत बड़ा लाभ था। वह आसानी से किसी भी देश को अपने

* गणित के आधार पर अनुकरण काव्य का यह एक नमूना है। स्विफ्ट महोदय गणित या उसके आचार्यों से प्रेम नहीं करते थे।

अधिकार में ला सकता था।

जब चुंबक पत्थर को क्षितिज के मैदान के विपरीत कर दिया जाता है तो द्वीप बिल्कुल रुक जाता है। ऐसी दशा में चुंबक के दोनों सिरे पृथ्वी से बराबर की दूरी पर होने के कारण बराबर शक्ति से काम करते हैं। एक नीचे की ओर खींचता है तो दूसरा ऊपर की ओर ढकेलता है और इसके कारण वह स्वयं चलना बंद हो जाता है।

कुछ ज्योतिषियों की ही देख-रेख में यह चुंबक पत्थर रखा जाता है। ये लोग उसे उसी स्थिति में रखते हैं जैसा कि राजा आज्ञा प्रदान करते हैं। ये लोग अपने जीवन का अधिकांश समय नक्षत्रों और दूसरे ग्रहों को दूरबीन के द्वारा देखने में व्यतीत करते हैं। यह दूरबीन हम लोगों की दूरबीन से काफी अच्छी है। इनकी बड़ी-से-बड़ी दूरबीन 3 फुट से अधिक की नहीं है। परंतु ये लोग इसे इतना बढ़ा लेते हैं कि हम लोगों की सौ दूरबीनों के बराबर इनकी एक दूरबीन होती है और इसके द्वारा नक्षत्र बहुत साफ दिखलाई पड़ते हैं। इन लोगों ने दस हजार अचल नक्षत्रों का एक सूचीपत्र बनाया है। जब कि हम लोगों के सूचीपत्र मे इस संख्या के तिहाई भी नहीं हैं। इसी तरह इन लोगों ने दो छोटे नक्षत्रों या उपग्रहों का संधान किया है, जो मंगल ग्रह के चारों ओर चक्कर लगाते हैं। इनमें भीतरी उपग्रह मूल ग्रह से तिगुने व्यास की दूरी पर पहलेवाला उपग्रह दस धंटे में ओर दूसरा साढ़े इक्कीस घंटों में ग्रह का चक्कर लगाता है। इस तरह इन लोगों का नियत द्विघात समय मंगल ग्रह के बीच से धन की दूरी के अनुपात से ही होता है। इससे साफ मालूम होता है कि ये गुरुत्वाकर्षण के उसी नियम से लागू होते हैं जो दूसरे ग्रहों पर प्रभाव डालते हैं।

इन लोगों ने विभिन्न 93 पुच्छल तारों को देखा है। इन्होंने बिल्कुल ठीक और सही तरीके से उनका समय निर्धारित किया है। यदि यह सही है (और अत्यंत विश्वास के साथ ये इसका अनुमोदन करते हैं) तो यह सोचना ठीक है कि उनके अनुभवों को जनता के सम्मुख लाया जाये जिससे पुच्छल तारों का सिद्धांत जो आजकल बहुत दोपषपूर्ण और अधूरा है; ज्योतिष शास्त्र के अन्य पूर्ण अंगों की भाँति पूर्णता पर पहुँचाया जाये।

यहाँ का राजा संसार का मंत्रीमंडल लेकर शासक हो सकता है। परंतु इन मंत्रियों के राज्य नीचे महाद्वीप पर हैं। इन लोगों का विचार है कि इनकी प्रिय

की अवधि अत्यंत अनिश्चित है और इसीलिये ये लोग अपने देश को गुलाम बनाने की अनुमति नहीं देते हैं।

यदि कोई नगर विद्रोह या क्रांति कर दे तो राजा के पास उसे अनुशासन में लाने के दो तरीके हैं। पहला आसान तरीका यह है कि विद्रोही कस्बे और उसकी भूमि पर द्वीप को घुमाया जाता है जिससे उस नगर को धूप और वर्षा मिलना बंद हो जाती है। इसके परिणामस्वरूप निवासियों को अकाल, दुर्भिक्ष और बीमारियों से ग्रसित होना पड़ता है। यदि अपराध अनुमति देता है तो इसी समय द्वीप से इस नगर के ऊपर केवल उनके पास गुफाओं और खोहों में घुस जाने के अलावा और कोई दूसरा चारा नहीं है। इन लोगों के मकानों की छतें टुकड़े-टुकड़े हैं या अशांति या विदोह फैलाते हैं तो राजा आखिरी इलाज पर आ जाते हैं और द्वीप को सीधे उन लोगों के सिरों पर उतार देते हैं जिससे मकानों और मनुष्यों का सर्वनाश हो जाता है। यह अस्त्र अंतिम है और राजा इसका प्रयोग बहुत कम करता है। वास्तव में वह इस दंड को देने की कभी इच्छा भी नहीं करता है। उसके मंत्री भी उसको इस दंड के लिये सलाह नहीं देते हैं। क्योंकि इससे प्रजा घृणा करने लगेगी और इससे उनकी संपत्ति का बहुत नुकसान हो जाएगा क्योंकि यह सब नीचे का प्रदेश भी राजा की ही जमींदारी का अंग है।

परंतु इसके अतिरिक्त एक बहुत बड़ा कारण है जिससे यहाँ के राजा इस प्रकार के भयानक दंड को देने को टालते हैं। अति आवश्यक अवसरों पर ही दंड दिया जाता है। क्योंकि यदि बर्बाद किये जानेवाले नगर में ऊँची-ऊँची चट्टानें हुईं जैसा कि साधारणतया बड़े नगरों से तलहटी या द्वीप की सतह को नुकसान पहुँचा सकता है। फिर भी जैसा कि मैं पहले बता चुका हूँ कि यह दो सौ गज मोटे एक ही पत्थर की बनी है। बड़े जोर का धक्का लगाने से उसकी फर्श चटक सकती है या नीचे के मकानों के पास आ जाने पर वहाँ की आग से फूट भी सकती है। इन सब बातों को यहाँ के लोग अच्छी तरह जानते हैं और समझते हैं कि स्वतन्त्रता या सपंत्ति के बारे में कहाँ तक जिद करनी चाहिए। राजा जब बहुत ज्यादा गुस्सा हो जाता है और यह इरादा कर लेता है कि इस नगर को सर्वनाश करना है तो प्रजा के साथ दया का बहाना करके आज्ञा देता है और द्वीप को बहुत धीरे-धीरे उतारा जाये परंतु वास्तव में यह इस तरह की आज्ञा इसलिये

देता है कि कहीं द्वीप की तलहटी टूट न जाये। यहाँ के दार्शनिकों के विचार से ऐसी दशा में चुंबक पत्थर द्वीप को ऊपर उठाए नहीं रख पायेगा और समस्त द्वीप जमीन पर गिर पड़ेगा।

इस राज्य के एक मूलाधिकारी के अनुसार राजा या उसके दोनों बड़े लड़के को द्वीप छोड़ने की आज्ञा नहीं है। इसके अतिरिक्त रानी को भी जब तक वह निश्चित आयु की न हो जाये द्वीप छोड़ने की आज्ञा नहीं मिली है।

4

मैं यह नहीं कह सकता कि द्वीप में मेरे साथ दुर्व्यवहार किया गया परंतु वहाँ मेरी कोई परवाह भी नहीं करता था और न मुझसे घृणा ही की जाती थी। क्योंकि राजा या यहाँ के लोग गणित और संगीत को छोड़कर दूसरी कलाओं या ज्ञान के प्रति कोई भी उत्सुकता प्रकट नहीं करते थे। अतः इन लोगों से निम्न कोटि का होने के कारण मेरा बहुत कम आदर होता था।

दूसरी ओर अब इस द्वीप की सभी अनोखी वस्तुओं के देख लेने के बाद और यहाँ के लोगों से ऊब जाने के कारण मैं इस द्वीप को छोड़ देना चाहता था। वास्तव में यहाँ के लोग दो कलाओं में अत्यंत प्रवीण थे। इन कलाओं का मैं बहुत सम्मान करता हूँ। इस बारे में मैं अनभिज्ञ नहीं हूँ परंतु नीरस और विचारों में मग्न रहने के कारण यहाँ कोई प्रिय साथी नहीं मिला। अपने दो महीने के प्रवास के दौरान मैंने केवल औरतों, व्यापारियों, बाजा बजानेवालों और दरबार के लड़कों से बातचीत की। अंत में मुझे इन लोगों से भी नफरत होने लगी फिर भी केवल यही लोग थे जिनसे मुझे अपने प्रश्नों का उचित उत्तर मिल जाता था।

कठोर अध्ययन से मैंने इन लोगों की भाषा का भी काफी ज्ञान प्राप्त कर लिया था। मैं अब ऐसे द्वीप की कैद से ऊब चुका था जहाँ मुझे इतने कम लोगों से बात करने को मिले। अतः मौका मिलते ही उसे छोड़ देने का निश्चय कर लिया था।

दरबार में एक बड़ा सामंत था जो राजा का कृपा-पात्र और नजदीक का

संबंधी था, इसी कारण उसका आदर किया जाता था। इन सब लोगों में वह आदमी बहुत अज्ञानी तथा मूर्ख माना जाता था। उसने राज्य की बहुत सेवाएँ की थीं और फलस्वरूप इसे अत्यंत सम्मानित माना जाता था। परंतु ज्ञान विद्या के प्रति वह इतना अनुदार था कि लोगों के अनुसार कभी-कभी वह गलत गाने-बजाने लगता था। और उसके शिक्षक के लाख प्रयत्न करने पर भी वह इस योग्य न हो सका कि गणित की साधारण बातों को बतला सके। उसने मेरे प्रति अत्यंत उदारता और अनुग्रह दिखलाया। कभी-कभी मेरे पास आने की कृपा करता था। उसने मुझसे इच्छा प्रगट की कि मैं उसे यूरोप तथा जिन देशों का मैंने भ्रमण किया है बहाँ के नियमों, रीति-रिवाजों तथा ज्ञान के बारे में उसे बतलाऊँ। अत्यंत सावधानी के साथ उसने मेरी बात सुनी और बुद्धिमता के साथ जो कुछ मैंने कहा उसे समझने का प्रयत्न किया। राज्य की ओर से इसे दो बाजा बजानेवाले सेवक मिले हुए थे परंतु दरबार और सार्वजनिक उत्सवों के अतिरिक्त वह उन सेवकों से कभी भी सेवा नहीं लेता था। जब हम लोग अकेले होते थे तो वह उनको चले जाने का आदेश दे देता था।

इस प्रतिभाशाली व्यक्ति से मैंने प्रार्थना की कि वह सम्राट् से मुझे इस देश को छोड़ देने की आज्ञा दिलाने के लिये मध्यस्थ का कार्य करे जिसे उसने किया। प्रसन्न होकर उसने बतलाया कि उसे दुख है कि उसने कई अच्छे अवसर प्रदान किये परंतु मैंने उसका अत्यंत आभार प्रकट करके उससे असहमति प्रगट की।

16 फरवरी को मैंने महाराज तथा दरबार से विदा ली। महाराज ने मुझे (अंग्रेजी के) दो सौ पौंड की भेंट दी। मेरे रक्षक उसके संबंधियों ने भी भेंटें दीं इसके अतिरिक्त महाराज ने राजधानी लेगेड़ों में अपने एक मित्र के पास एक सिफारिशी पत्र भी लिख दिया था। उस समय द्वीप दो मील की ऊँचाई पर एक पहाड़ के ऊपर मँडरा रहा था। नीचेवाले दालान से मैं उसी भाँति उतार दिया गया जैसे कि मैं चढ़ा था।

यह महाद्वीप जहाँ तक उड़ते हुए द्वीप का संबंध है साधारणतया इसे वाल्वी बार्बी के नाम से पुकारा जाता है और इसकी राजधानी लेगेड़ो के नाम से पुकारी जाती है। जब मैंने अपने को सुदृढ़ भूमि पर पाया तो मुझे अत्यंत संतोष हुआ। बिना किसी की परवाह किये मैं शहर घूमने गया। मैं यहाँ के निवासियों की भाँति ही वस्त्र पहने हुए था और उनसे बातचीत करने के लिये मुझे काफी आदेश मिल

चुके थे। मैंने शीघ्र ही उस आदमी के मकान का पता लगा लिया जिसके नाम पर मेरे पास सिफारिशी पत्र था। उसके द्वीप के अमीर के सामने मैंने वह पत्र प्रस्तुत किया। उसने अत्यंत आदर के साथ मेरा स्वागत किया। इस बड़े सामंत ने जिसका नाम मुनोडी (Munodi) था, अपने मकान के एक कमरे में रहने के लिये आज्ञा दे दी और अत्यंत आदर-सम्मान और उदारता के साथ मेरा सत्कार किया गया।

मेरे पहुँचने के दूसरे दिन वह मुझे अपने रथ में बिठा कर शहर दिखलाने ले गया। यह करीब-करीब लंदन का आधा है। परंतु मकान अत्यंत विचित्र रूप

से बने हुए थे और उनमें से अधिकांश मकान टूटे-फूटे थे, लोग सड़कों पर तेजी से चलते थे। देखने में जंगली मालूम पड़ते थे। उनकी आँखें स्थिर रहती थीं और ये लोग साधारणतया चिथड़ों में रहते थे। हम लोग नगर के एक द्वार से निकलकर तीन मील दूर तक देहात में चले गये। वहाँ मैंने देखा, बहुत से मजदूर विभिन्न प्रकार के औजार लिये जमीन पर काम कर रहे थे। परंतु मैं यह अंदाज न लगा पाया कि ये लोग क्या कर रहे थे। इसके अतिरिक्त मैंने वहाँ कोई तिनका व घास न देखी। यद्यपि वहाँ की भूमि बहुत अच्छी मालूम पड़ रही थी। शहर तथा देहात दोनों जगहों में इस प्रकार के विचित्र दृश्यों को देखकर मैं उनकी प्रशंसा किये बिना न रह सका। मैंने अपने प्रदर्शक से यह साहस करके पूछा कि मैदानों और सड़कों पर ये इतने व्यस्त लोग क्या करते हैं क्योंकि मैं नहीं जान पा रहा हूँ कि उनके इतने व्यस्त होने का क्या कारण है? परंतु दूसरी ओर मैं न जान सका इतनी लापरवाही से भूमि जोती जाती होगी। मकान भद्दे और खंडहर के समान होंगे या आदमियों के चेहरों और आदतों से उनकी आवश्यकताएँ और कष्ट के भाव प्रगट होते होंगे।

यह सामंत मुनोडी प्रथम श्रेणी का व्यक्ति था। कुछ वर्षों तक लेगेड़ों का शासक भी रह चुका था, परंतु गुप्त मंत्रियों द्वारा धोखा देने के कारण हटा दिया गया था, फिर भी वर्तमान राजा उसके साथ दयालुता का व्यवहार करता था।

जब मैंने इस देश तथा निवासियों की खुलकर निंदा की तो उसने और कुछ उत्तर देने के अलावा मुझे बतलाया कि यहाँ के लोगों के बारे में अपनी राय कायम के लिये मैं जल्दबाजी कर रहा हूँ। इसके अतिरिक्त संसार के विभिन्न देशों के विभिन्न रीति-रिवाज होते हैं। परंतु कुछ साधारण विषय एक ही ध्येयवाले होते हैं। परंतु जब हम लोग उसके महल में वापस लौट आये तो उसने पूछा कि मुझे वहाँ के मकान पसंद आये अथवा नहीं। क्या बुराइयाँ मैंने उनमें देखी और उसके नौकरों के कपड़ों या उनके व्यवहारों में मुझे क्या दोष दिखायी पड़े। मैंने उत्तर दिया कि महाराज की बुद्धिमता, योग्यता और सम्पत्ति ने उसे उन दोषों से मुक्त कर दिया है जो दूसरे लोगों में अज्ञानता के कारण उत्पन्न हो जाते हैं। उसने कहा कि यदि मैं उसके साथ उसके गाँव जहाँ उनकी जमींदारी है पर, जो यहाँ से करीब 20 मील दूर है, जाऊँ तो वहाँ इस प्रकार की बातचीत के लिये

काफी समय मिलेगा। मैंने बतलाया कि मैं पूण रूप से उसकी इच्छा पर हूँ। दूसरे दिन प्रातः हम लोग वहाँ के लिये रवाना हो गये।

यात्रा के दौरान में उसने मुझे कृषि के विभिन्न तरीकों को देखने के लिये कहा जिन्हें मैं कुछ स्थानों को छोड़ कर पूरी तरह से समझ और पूरी तरह से देख भी न सका। मैं यहाँ अन्न की एक बाली या घास का एक तिनका भी न खोज पाया। परंतु तीन घंटे की यात्रा के बाद दृश्य पूर्ण रूप से परिवर्तित हो गया। हम लोग एक अत्यंत सुंदर देश में आ गये। यहाँ किसानों के मकान थोड़ी-थोड़ी दूरी पर सफाई से बने थे। वहीं पर उनके खेत थे जिनमें अंगूर की बेलें और अन्न के खेत थे। कहीं-कहीं चारागाह भी थे। मुझे यह भी नहीं याद था कि मैंने इतने सुंदर दृश्य और भी कहीं देखे हैं। उस सामंत ने मेरे चेहरे को देखकर भाँप लिया और एक आह भरकर उसने बतलाया कि यहाँ से उसकी जागीर प्रारंभ होती है। और जब तक हम उसके घर न पहुँच जाएँगे उसकी जागीर चलती रहेगी। उसने यह भी बतलाया कि जागीरवालों ने उसकी खिल्ली उड़ायी थी और उससे घृणा करने लगे थे। क्योंकि मैंने वहाँ के प्रबंध में कोई विशेष सुधार न करके साम्राज्य के सम्मुख एक बुरा उदाहरण प्रस्तुत किया था। यह रास्ता उसके जैसे बुड्ढे, कमजोर और स्वेचछाचारी आदमियों द्वारा अपनाया जाता है।

अंत में हम लोग उसके घर आ गये जो वास्तव में बहुत सुंदर और प्राचीन वास्तु विद्या के नियमों के अनुसार बनाया गया था। फौव्वारे, उद्यान, टहलने के रास्ते और फलों के बाग आदि सभी वस्तुएँ सुरुचि के अनुसार बनायी गयी थीं। जो भी वस्तुएँ देखी उसकी मैंने खूब प्रशंसा की परंतु उस सामंत ने दिन के भोजन के समय तक मेरी बातों की तनिक भी परवाह न की। इसके बाद जब वहाँ कोई तीसरा आदमी न रह गया तो उसने अत्यंत दुखी होकर बतलाया कि शायद उसे अपने देहात और नगर के मकानों को नष्ट कर देना पड़ेगा। उनको उसे आधुनिक रीति से पुनः बनवाना पड़ेगा। उसको अपनी उद्यानों और बगीचों को नष्ट करके आधुनिक फैशन के अनुरूप लगाना पड़ेगा। अपने असामियों को भी इसी तरह की आज्ञाएँ देनी पड़ेगी। अन्यथा लोग उसके अहंकार और आडंबर, अज्ञानता, चपलता आदि की निंदा करेंगे। संभवतः महाराज का असंतोष और अप्रसन्नता भी बढ़ जाएगी। जब उसने मुझसे कुछ ऐसी बातें बतलाईं जो मैंने

कभी दरबार में नहीं सुनी थीं तो मुझे धक्का लगा। वहाँ के लोग अपने विचारों में इतने तल्लीन रहते हैं कि उन्हें यह भी चिंता नहीं रहती कि नीचे क्या हो रहा है।

उसकी बातचीत का सारांश यह था कि करीब चालीस वर्ष पूर्व कुछ व्यक्ति व्यापार और मनोरंजन के उद्देश्य से लेपुता (Laputa) गये थे और पाँच महीने के बाद गणित के थोड़े छिछले ज्ञान को लेकर लौट आये। परंतु उनमें स्वच्छन्द वायुवाले प्रदेश में रहने के कारण अत्यंत चंचलता और नवीनता आ गयी थीं। वापस आने पर नीचे की प्रत्येक वस्तु से ये लोग घृणा करने लगे और समस्त कलाओं, विज्ञानों, भाषाओं और यंत्र विद्याओं को एक नये ढंग पर लाने की योजना बनाने लगे। इस उद्देश्य की पूर्ति के लिये इन लोगों ने लेगेड़ों में योजनाकारों की एक एकादमी स्थापित करने के लिये राजाज्ञा भी प्राप्त कर ली। उनमें यह हवा इतने जोरों से फैली कि साम्राज्य भर में ऐसा नगर नहीं है जहाँ इस प्रकार की अकादमी न हो। इन संस्थाओं में या कॉलिज में आचार्य लोग खेती और मकान बनाने के नये-नये तरीकों का आविष्कार करते हैं। सब तरह के व्यापार और उत्पादन के लिये बड़े नये-नये औजार और यन्त्रों का निर्माण भी होता है। वहाँ इन लोगों की धारणा है कि इन सब बातों के हो जाने से एक आदमी दस आदमियों का काम करने लगेगा और सामान इतना टिकाऊ और मजबूत बनने लगेगा कि मरम्मत की कभी जरूरत ही न पड़ेगी। समस्त फलों को जिस मौसम में चाहेंगे उगा सकेंगे और आजकल तुलना में सौ गुना अधिक फलों का उत्पादन होने लगेगा। इसके अतिरिक्त और भी बहुत सी बेहतरीन वस्तुएँ मिलने लगेंगी। लेकिन सबसे बड़ी दिक्कत यह है कि इन योजनाओं में से कोई भी योजना अभी पूर्ण नहीं हुई है। इसी काल में सम्पूर्ण देश बुरी तरह से तबाह व बरबाद हो गया है। मकान खँडहर हो गये हैं और लोग बिना कपड़ों और भोजन के रह रहे हैं। इस सब तबाही व बरबादी के बावजूद भी बिना उत्साह भंग किये ये लोग अपनी योजनाओं के पचास गुने अधिक उत्साह से पूरी करने का प्रयत्न कर रहे हैं। कभी-कभी इनको आशा और कभी-कभी निराशा होने लगती है। जहाँ तक उसका संबंध है साहसी प्रकृति के न होने के कारण पुरानी रीति-रिवाजों का पालन करने में ही उसे संतोष प्राप्त होता है। वह अपने पूर्वजों

के बनाये हुए पुराने मकान में ही रहता है और उन्हीं लोगों की भाँति जीवन के प्रत्येक कार्य को बिना किसी नवीनता के करता रहा है। कुछ संभ्रांत तथा योग्य व्यक्तियों ने भी इसी प्रकार से काम किया परंतु इन लोगों की भी कला के शत्रु और अज्ञानी कहकर आलोचना की गयी। इन लोगों को समस्त प्रजा में बुरे आदमी बताया गया और कहा गया है कि ये लोग अपने आराम और काहिली के चलते सारे देश का सुधार नहीं चाहते हैं।

इसके बाद उस सामंत ने बतलाया कि अब और अधिक बातें करके वह मेरी भावनाओं को ठेस पहुँचाना नहीं चाहता। उसके ऐसा कहने पर मैं वहाँ जाने के लिये राजी हो गया। एक पहाड़ के किनारे करीब तीन मील दूर खंडहर हो गए मकान की ओर उसने ध्यान दिलाया। इसके बारे में उसने मुझसे बतलाया कि मकान से आधे मील की दूरी पर उसके पास एक बढ़िया चक्की थी। एक बड़ी नदी की धार से यह चक्की चलती थी जो उसके वंशजों तथा प्रजा के लिये काफी थी। सात वर्ष पहले उन योजनावालों का एक दल उसके पास आया और प्रस्ताव रखा कि इस पनचक्की को नष्ट करके पहाड़ के किनारे दूसरी पनचक्की बनायी जाए। पहाड़ की ढाल पर एक लंबी नहर निकाली जाये जिसमें पानी इकट्ठा कर लिया जाये जिसे नलों तथा इंजनों के द्वारा चक्की तक पहुँचाया जाये। चूंकि हवा और तेज वायु एक ऊँचाई पर पहुँचकर पानी को उछाल देते हैं और इस तरह उसे गतिशील बना देता है। और क्योंकि पानी नीचे ढाल की ओर तेजी से भागता है इसलिये नदी की आधी धारा से चक्की चलने लगेगी इससे इसकी धारा और अधिक बराबर हो जाती है। उसने कहा कि दरबार में उस समय अधिक प्रभावशाली न होने के कारण तथा मित्रों के द्वारा अधिक जोर दिये जाने पर वह इस प्रस्ताव से सहमत हो गया। दो वर्षों तक इस कार्य के लिये सौ आदमियों को लगाये रहा; परंतु यह काम गलत सिद्ध हुआ। योजनावाले चले गये और इस असफलता का सारा दोष उसी के सिर पर मढ़ दिया गया। उसी समय से इसकी बराबर निंदा की जा रही है। अब इसी अनुभव के आधार पर दूसरे लोगों से भी इसी प्रकार की आशा लेकर विभिन्न प्रयोग कराये जा रहे हैं।

कुछ ही दिनों में हम लोग नगर वापस लौट आये। सामंत ने यह सोचकर कि चूंकि वही बदनाम है, अतः वह अब मेरे साथ नहीं जाएगा परंतु उसने अपने

एक मित्र से मेरे साथ जाने की सिफारिश कर दी। सामंत ने प्रसन्न होकर मुझे योजनाओं का विशेषज्ञ बतलाकर मेरा परिचय कराया और यह भी बतलाया कि मैं एक उत्सुक और विश्वात्त व्यक्ति हूँ। वास्तव में यह बात गलत नहीं है क्योंकि अपने जीवन के प्रारंभिक काल में मैं एक प्रकार की योजनाकार ही था।

5

यह आदमी केवल एक ही भवन तक सीमित नहीं है। वरन् सड़कों के दोनों किनारों पर लगातार बने हुए मकानों में भी उसके है। जब मकान बेकार हो जाते हैं तो उन्हें इसी कार्य के लिये खरीद लिया जाता है।

वार्डन ने अत्यंत अपनत्व के साथ मेरा स्वागत किया और कई दिन तक

मैं अकादमी जाता रहा। प्रत्येक कमरे मे एक या एक से अधिक योजनावाल अपने कार्यों को करते हैं। मुझे विश्वास है कि मैंने करीब-करीब पाँच सौ कमरों से कम या निरीक्षण नहीं किया होगा।

मुझे वहाँ मिलनेवाला पहले आदमी की हालत बड़ी दयनीय थी। उसके हाथ और चेहरे पर कालिख लगी हुई थी। उसके बाल और दाढ़ी बढ़ी हुई थी। कई स्थानों पर जली हुई तथा उसकी त्वचा खुरदुरी हुई थी। उसके कपड़े, और उसकी त्वचा सब एक ही रंग के थे। यह व्यक्ति आठ वर्ष से ककड़ी से सूर्य की किरणों को निकालने की योजना पर काम कर रहा था। ककड़िया शीशियों में इस तरह रखी गयी थीं कि इनमें वायु प्रवेश न कर सके और इससे जाड़ों में हवा को गरम तथा गरमियों की प्रचंडता को भी कम किया जाएगा। उसने मुझे बताया कि उसे जरा भी शंका नहीं है कि आठ वर्षों बाद यह इस योग्य हो जाएगा कि गवर्नर साहब के उद्यानों के लिये उचित मूल्य पर सूर्य की किरणें दे सके; परंतु उसने शिकायत की कि उसके पास स्टाक बहुत कम है। उसने मुझसे प्रार्थना की कि मैं उसे सहायता और प्रोत्साहन दूँ क्योंकि यह मौसम वास्तव में ककड़ियों के लिये बहुत ही अच्छा है। मैंने उसे कुछ भेंट दी क्योंकि मेरे सामंत ने इस बात के लिये मुझे दान दिया था। वह जानता था कि इन लोगों की आदत है कि प्रत्येक देखने आनेवाले ये से लोग सहायता मांगते हैं।

मैंने एक-दूसरे आदमी को बर्फ भस्म करके बारूद पर काम करते हुए पाया। इसने मुझे हस्तलिखित एक पुस्तक दिखाई जो अग्नि के बढ़ने की योग्यता के विषय में लिखी गयी थी। वह इस पुस्तक को प्रकाशित करना चाहता था।

वहाँ एक अत्यंत कुशल कारीगर था जो मकानों को बनाने के नये तरीकों की खोज कर रहा था। इस पद्धति के द्वारा मकान को छत की ओर से शुरू करके नींव की तरफ बनाया जाएगा। इसने इसके प्रमाण के लिये दो चतुर कीड़ों, मक्खियों तथा मकड़ियों के उदाहरण पेश किये।

वहाँ एक जनम का अंधा था। उसी की तरह के और कई व्यक्ति की शिक्षा ले रहे थे। इन लोगों का काम था चित्रकारों के लिये रंगों को मिलाना। इन लोगों के शिक्षक ने सूँघने और स्पर्शओं क़े द्वारा रंगों के पहचानने के बारे में सिखाया था। वास्तव में यह बहुत बड़ा दुर्भाग्य था कि इस समय तक वह अपने ज्ञान में पूर्ण रूप से कुशल न हो सके थे। शिक्षक स्वयं कभी-कभी भूल जाया करते थे।

इस कलाकार को समस्त देशवासियों का प्रोत्साहन और आदर प्राप्त था।

एक-दूसरे कमरे में मुझे अन्य योजनावाला व्यक्ति मिला। उससे मिलकर मुझे बहुत खुशी हुई क्योंकि उसने एक ऐसी तरकीब खोज निकाली थी जिससे जमीन को सूअरों द्वारा जोता जाता था। इससे हल, जानवर और मजदूरों का खर्च बच जाता था। उसका तरीका इस प्रकार है। एक एकड़ जमीन में छः-छः इंच की दूरी और आठ इंच की गहराई में आप कुछ तादाद में अन्न के दाने, खजूर, अखरोट या और तरकारियाँ जो इन जानवरों को अच्छी लगती हैं, गाड़ दीजिए। इसके बाद छः सौ सूअर इस खेत में हाँक दीजिए कुछ ही दिनों में अपने भोजन की खोज में यह जानवर सारी जमीन को खोद डालेंगे और खेत बोने के योग्य हो जायेगा, साथ ही साथ उनके पाखाने से जमीन उपजाऊ भी जाती। प्रयोग करने पर यह सत्य सिद्ध था। यहाँ के लोगों को वह मालूम हुआ कि इस तरीके में बहुत परेशानी है। इसके अलावा फसल कम या बिल्कुल नहीं होती है। फिर भी इसमें कोई शक नहीं है कि इस आविष्कार के द्वारा बहुत सुधार हो सकते हैं।

मैं दूसरे कमरे में गया जहाँ की दीवारों और छत में सब जगह चारों ओर मकड़ी की जाला लगा हुआ था। केवल कलाकार को अंदर और बाहर आने-जाने के लिये एक छोटा तंग रास्ता रखा गया था। मेरे घुसते ही वह जोर से चिल्लाया कि कहीं मैं उसके जाले को अस्त-व्यस्त न कर दूँ। उसने संसार की सबसे बड़ी इस भूल पर पश्चाताप किया कि अब तक वे लोग रेशम के कीड़ों का ही प्रयोग करते रहे जब कि हम लोगों के घरों में ऐसे कीड़ों की बहुतायत है जो रेशम के कीड़ों से बहुत अच्छे हैं। यह घरेलू कीड़े भी रेशम के कीड़ों की भाँति बुनना और कातना जानते हैं। इसके अलावा उसने यह भी बतलाया कि मकड़ों को काम में लाने से रेशम को रँगने और सुखाने के काम से भी बचत हो जाएगी। इसका मुझे पूर्ण विश्वास हो गया जबकि उसने मुझे एक बहुत बड़ी तादाद में अत्यंत सुंदर रंगों की मक्खियाँ दिखलायीं जिन्हें उसके मकड़े खाते हैं। उसने यह आश्वासन दिया कि जाले में इन मक्खियों का असर आ जाएगा। सभी रंग की मक्खियों के होने से उसने आशा प्रगट की थी कि वह हर व्यक्ति की पसंद को पूरा सकेगा। जैसे ही उसे गोंद, तेल या दूसरे चिकने पदार्थ वाली मक्खियों का उचित भोजन मिल जाएगा वह तागे को और अधिक मजबूत तथा घना बनाने के समर्थ हो

सकेगा।

वहाँ एक ज्योतिषी भी था। उसने सूर्य घड़ी नगर के एक मकान पर मौसम नापने वाले पंख (यंत्र) पर रखी थी जिससे वह पृथ्वी और सूर्य के वार्षिक तथा दैनिक गतिविधियों का पता लगाकर वायु की आकस्मिक गतिविधि का अनुमान लगा देता था और उसे ठीक करता था।

मैंने और भी बहुत से कमरे देखे परंतु समयाभाव के कारण अपने पाठकों को सभी अद्भुत वस्तुओं के बारे में बतलाकर मैं उन्हें परेशान नहीं करना चाहता।

अभी तक मैंने अकादमी के केवल एक ही हिस्से को देखा था। दूसरे हिस्से मैं विचारशील ज्ञान के उन्नायक रहते हैं। जब मैं एक प्रसिद्ध विद्वान् का वर्णन

करूँगा तो इन लोगों के बारे में भी बतलाऊँगा। यहाँ के लोग इस विद्वान् को सार्वभौमिक कलाकार (Universal Artist) कहकर पुकारते थे। उसने मुझे बतलाया कि मनुष्य जीवन को सुधारने के लिये 30 वर्ष से वह अपने विचारों में तल्लीन है। इसके पास दो कमरे थे जिनमें अद्भुत विचित्र वस्तुएँ भरी थीं और पचास आदमी उसमें काम करते थे। इनमें से कुछ लोग हवा में से शोरा निकाल कर तथा उसके द्रव पदार्थ को टपका-टपका कर निकाल करके उसे सुखाकर गाढ़ा बनाने का प्रयोग कर रहे थे। दूसरे लोग पत्थरों को तकियों तथा आलपीन रखनेवाली गद्दियों के लिये मुलायम कर रहे थे। दूसरे लोग जीवित घोड़े के खुरों को पत्थर बना रहे थे जिससे वह घिसने से बच जाएँ। कलाकार इस समय स्वयं दो योजनाओं में व्यस्त था। पहली योजना के अनुसार भूसे को जमीन में बोना चाहता था। उसका कहना था कि भूसे में उत्पादन शक्ति रहती है। इस बात को उसने कई प्रयोगों के द्वारा सिद्ध किया। परंतु मैं इतना कुशल नहीं था कि उनके बारे में सोच सकूँ। दूसरी योजना थी गोंद, धातुओं और वनस्पतियों को मिलाकर ऐसा पदार्थ बनाया जाये जिसके बाहर से ही लगने पर दो जवान भेड़ों की ऊन का बढ़ना बंद हो जाये। उसे आशा थी कि कुछ समय में ही वह इस योग्य हो जाएगा कि समस्त राज्य में वह नंगी भेड़ों की नसल का प्रचार कर देगा।

हम लोगों ने अकादमी के दूसरे हिस्से को पार किया जहाँ काल्पनिक विचारशील ज्ञान की योजना वाले लोग रहते थे।

पहला शिक्षक जिसे मैंने देखा वह एक बड़े कमरे में चालीस विद्यार्थियों के साथ बैठा था। अभिवादन करने के बाद जब उसने मुझे कमरे की लंबाई-चौड़ाई के बराबर बने हुए एक ढाँचे की ओर गौर से देखता पाया तो उसने कहा कि शायद मुझे व्यावहारिक और यंत्र-संबंधी योजना में लगे हुए देखकर बड़ा ताज्जुब हुआ होगा। परंतु जल्दी ही दुनिया इसकी उपयोगिता के बारे में जान जाएगी। उसने यह कहकर अपनी प्रशंसा की कि किसी भी दूसरे आदमी के दिमाग में इस प्रकार की ऊँची और उपयोगी चीज कभी नहीं आयी। प्रत्येक मनुष्य जानता है कि कला और विज्ञान जानने का तरीका कितनी मेहनत और मुश्किल का है। परंतु उसके आविष्कार से अत्यंत मूर्ख और अज्ञानी मनुष्य भी साधारण खर्च करके थोड़ी सी शारीरिक मेहनत करके बिना किसी विद्वान् या अध्ययन के दर्शन-शास्त्र, काव्य, राजनीति, विधि, गणित और धर्म-शास्त्र पर पुस्तकें लिख

सकता है।

इसके बाद मुझे उस ढाँचे के पास ले गया जहाँ इसके विद्यार्थी किनारे पर अपनी श्रेणी और ओहदे के अनुसार खड़े थे। यह बीस फीट का एक चौकोर ढाँचा था जो बीच कमरे में रखा था। इसके ऊपर का हिस्सा साँचे के बरबार कई छोटे-छोटे लकड़ी के टुकड़ों का बना था। यह सब एक दूसरे से महीन तार से जुड़े थे। इन लकड़ी के छोटे-छोटे टुकड़ों पर कागज चिपकाया हुआ था। इन कागजों पर इन लोगों की भाषा के सभी शब्द विभिन्न क्रिया की अवस्था बतलानेवाले, काल बतलानेवाले तथा विभक्ति के रूप बतलानेवाले शब्दों के साथ लिखे थे। शिक्षक ने मुझे ध्यान देने तथा सावधान हो जाने के लिये कहा क्योंकि वह अपने इंजिन को चालू करने जा रहा था। उसकी आज्ञा पर प्रत्येक शिष्य ने एक-एक लोहे की मुठिया पकड़ ली जिसके नीचे चालीस गोले ढाँचे के किनारे पर लगे थे। इस मुठिया को घुमाने से शब्दों की स्थिति बिल्कुल बदल जाती थी। इसके बाद उसने छत्तीस लड़कों से कुछ पंक्तियाँ धीरे-धीरे पढ़ने के लिये कहा जो उस समय ढाँचे पर बन गयी थीं। उन लोगों ने देखा कि तीन या चार शब्दों को एक साथ मिलाने से वाक्य का एक हिस्सा बन जाता था। इन लोगों ने बचे हुए चार लड़कों को, जो लिखनेवाले थे, बोलना शुरू किया। यह काम तीन या चार बार दुहराया गया। हर बार मोड़ने से इंजिन के द्वारा शब्द नयी-नयी जगहों पर लकड़ी के चौकोर टुकड़ों के ऊपर हो जाने से आ जाते थे।

ये नवयुवक विद्यार्थी दिन के छः घंटों तक इस काम में व्यस्त रहते थे। शिक्षक ने मुझे कई बड़ी-बड़ी पुस्तकों की जिल्दें दिखलायीं जिनमें टूटे हुए वाक्यों को एकत्रित किया गया था। इसका इरादा था कि वह इन सबको जोड़ेगा। इस मूल्यवान् वस्तु से संसार को कला और विज्ञान की विधि देगा। यह काम और अधिक उन्नति के साथ तथा शीघ्रता से हो सकता है। यदि जनता कुछ रुपया एकत्र करे जिससे इस प्रकार के पाँच सौ ढाँचे या यंत्र लेगेड़ो में स्थापित किये जा सकें। इसके लिये व्यवसायियों तथा प्रबंधकों को बाध्य किया जाये कि वे लोग इस कार्य के लिये काफी धन दें।

उसने मुझे बतलाया कि बचपन से ही मुझे इस आविष्कार को बनाने का विचार था और उसने इस यंत्र पर वर्णमाला के समस्त शब्दों को लिख लिया था।

इसके अतिरिक्त उसने विभिन्न पुस्तकों का अध्ययन करके इस बात की ठीक गणना कर ली थी कि संज्ञा, क्रिया, वचन और दूसरे शब्दों में कितना अनुपात रहना चाहिए।

मैंने इस प्रसिद्ध व्यक्ति से हुई विस्तृत चर्चा के प्रति अपनी सहमति प्रगट की और उससे वायदा किया कि यदि मुझे स्वदेश लौटने का सौभाग्य प्राप्त हुआ तो मैं उसे इस आश्चर्यजनक यंत्र के एकमात्र आविष्कारक के रूप में घोषित कराकर उसके साथ न्याय करूँगा। इस आविष्कार का चित्र मैं कागज पर उतारूँगा और वहाँ लोगों को उसे दिखलाऊँगा। मैंने उसे बताया कि यूरोप में विद्वान् लोग एक-दूसरे के आविष्कारों को चुरा लेते हैं और वास्तविक आविष्कार के बारे में विभिन्न मत हो जाते हैं। परंतु मैं इतना ध्यान और सावधानी रखूँगा कि केवल उसे ही इस यंत्र का एकमात्र आविष्कारक माना जाये।

इसके बाद हम लोग भाषाओं के स्कूल गये। यहाँ तीन शिक्षक अपने देश की भाषा सुधारने के लिये विचार-विमर्श कर रहे थे। पहली योजना के अनुसार वार्त्तालाप के अनेक अक्षरों के शब्दों को काटकर तथा क्रिया और कृदंतों (जिस शब्द में क्रिया तथा विशेषण के गुण हों) को छोड़कर कम करना चाहते थे क्योंकि वास्तव में सभी वस्तुएँ संज्ञा होती हैं।

दूसरी योजना के अनुसार ये लोग सभी शब्दों को हटा देने के पक्ष में थे। सूक्ष्मता और शक्ति की दृष्टि से इन लोगों ने इसी बात के लिये जोर दिया था क्योंकि जो शब्द हम बोलते हैं उससे कुछ हद तक हमारे फेफड़ों पर असर पड़ता है और वे कमजोर हो जाते हैं। परिणामस्वरूप इससे हम लोगों का जीवन कम हो जाता है। संज्ञा केवल चीजों के ही नाम होते हैं। अतः सब लोगों के लिये यह बहुत ही सुविधाजनक होगा कि वह सब अपने साथ उन सब चीजों को लिये रहें जिनके विषय में वे बात करना चाहते हैं। इस आविष्कार से लोगों को बड़ा आराम हो जाएगा। प्रजा की तंदुरुस्ती भी ठीक हो जाएगी। जल्दी ही यह प्रयोग व्यवहार में लाया जाने लगा। यदि औरतों ने अशिक्षित और देहाती लोगों से मिलकर अपने पूर्वजों की भाँति जवाब से बोलने के लिये विद्रोह की धमकी न दी होती। इस तरह से स्थायी व समझाएँ जानेवाले विज्ञान के शत्रु साधारण लोग ही हैं। फिर अत्यंत बुद्धिमान् तथा योग्य व्यक्तियों में से अधिकांश लोग अपने

भावों को चीजों के द्वारा प्रगट करने की नवीन योजना पर ध्यान देते हैं। इस योजना में सबसे बड़ी असुविधा यह है कि यदि किसी आदमी के पास विभिन्न प्रकार के विभिन्न व्यवसाय हैं तो उसी के अनुपात से उसे अपनी पीठ पर चीजों का गट्ठर ले जाना पड़ेगा। या वह इस योग्य हो कि वह एक या दो ताकतवर नौकरों को अपने साथ रख सके। मैंने अक्सर इनमें से दो शिक्षकों को अपने यहाँ के फेरीवालों की तरह भारी-भारी गट्ठरों से दबे हुए देखा था। जब ये लोग सड़क पर मिलते थे तो अपना गट्ठर उतारकर थैलों को खोलते थे और एक घंटे तक

आपस में बातचीत करते थे। इसके बाद वे अपने औजारों को बंद करके एक-दूसरे को गट्ठर उठवाने में सहायता देकर एक-दूसरे से बिदा लेते थे।

परंतु थोड़ी बातचीत के लिये एक आदमी चीजों को अपनी जेब तथा हाथ में रख सकता है। इसी के द्वारा वह बातचीत कर सकता है। अपने घर के अंदर तो वह कभी घाटे में रह ही नहीं सकता। अतः जिस कमरे में ये लोग अभ्यास करने के लिये मिलते हैं, वह चीजों से भरा रहता है ताकि बनावटी बातचीत करने के लिये चीजों को तत्काल ही प्रस्तुत किया जा सके।

इस आविष्कार से होने वाला दूसरा महत्त्वपूर्ण लाभ यह है कि यह योजना विश्व भाषा का काम देगी। समस्त सभ्य देशों में जहाँ के बर्तन तथा चीजें साधारणतया एक ही तरह की होंगे, यह करीब-करीब मिलते-जुलते होंगे, वहाँ इसको समझाकर आसानी से प्रयोग में लाया जा सकता है। इस तरह राजदूत लोग विदेशी राजाओं या राज्य के मंत्रियों से आसानी से बात कर लेंगे। भले ही अन्य भाषाओं के बारे में उन्हें तनिक भी ज्ञान न हो।

मैं वहाँ गणित के एक स्कूल में गया था जहाँ एक शिक्षक अपने विद्यार्थियों को इस रीति से पढ़ा रहा था जिसकी हम यूरोपवासी कल्पना भी नहीं कर सके। गणित की प्रमेय तथा हलों को दिमाग संबंधी टिंचर की रोशनाई से पतली-पतली रोटियों पर लिख लिया जाता था। इसे विद्यार्थी को खाली पेट निगलना पड़ता था और तीन दिन तक पानी और रोटी के अलावा और कुछ भी खाने को नहीं दिया जाता था, जैसे ही रोटी पच जाती थीं टिंचर गणित की प्रमेयों तथा हलों के साथ दिमाग में चढ़ने लगता था। परंतु इसमें कुछ गलती तथा याददाश्त की कमी के कारण सफलता नहीं मिलती थी। विद्यार्थियों के लिये एक बड़ी गोली जी मिचलानेवाली होती थी। ये लोग चूरा कर खाने के बजाय उसे ऊपर फेंक देते थे। इसके अलावा ये लोग अभी उस त्याग और श्रम के अभ्यासी न थे जो इस योजना के लिये आवश्यक है।

6

राजनीतिक योजनावालों के स्कूल में मेरा स्वागत अच्छी तरह नहीं किया गया। मेरे विचार से यहाँ के शिक्षक मुझे बेहोश-से मालूम हुए। यह एक ऐसा दृश्य था जिसने मुझे दुखी किया था। ये लोग राजाओं को इस बात पर विवश करने के लिये योजना बना रहे थे कि वे योजनाओं का चुनाव उनकी बुद्धिमत्ता, गुण और योग्यता के आधार पर करें। मंत्रियों को शिक्षा देने, विशेष पुरस्कार देने तथा प्रमुख सेवाओं के लिये जनता से सलाह लें। राजकुमारों को उनके मूल हितों की शिक्षा के लिये अन्य लोगों की ही भाँति शिक्षा दी जाये। नौकरियों में ऐसे व्यक्तियों को चुना जाये जो उन पर प्रभाव रख सकें। इसी प्रकार व्यर्थ की अन्य असंभव मनगढंत बातों को ये लोग सोच रहे थे जो पहले किसी भी मनुष्य के दिमाग में नहीं आयी थी। इन सब बातों से मुझे एक पुरानी उक्ति याद आ गयी कि कोई भी वस्तु अमित व्ययी और विवेकरहित नहीं है जिसे दार्शनिकों ने सत्य के लिये न अपनाया हो।

परंतु फिर भी किसी तरह मैं अकादमी के इस भाग के प्रति ऐसा कहकर कि यहाँ के सभी शिक्षक इस प्रकार की कल्पनावाले नहीं, न्याय ही करूँगा। यहाँ एक अत्यंत चतुर डॉक्टर था जो सरकार की प्रकृति और पद्धति के मामलों में पूर्ण रूप से विद्वान् मालूम होता था। यह अद्‍भुत व्यक्ति अत्यंत उपयोगी अध्ययन कर रहा था और इस प्रकार के प्रभावशाली उपायों को खोज रहा था जिससे शासन के सभी दोषों और रोगों को दूर किया जा सके। शासकों के अवगुणों और दोषों तथा जनता की लंपटता को दूर किया जा सके। उदाहरण के लिये सकी लेखक और तर्क-शास्त्री इस बात से सहमत हैं कि राजनीतिक और प्राकृतिक वस्तुओं में निकटतम समानता है। क्या इससे अधिक स्पष्ट बात और हो सकती है कि दोनों के स्वास्थ्य को ठीक रखा जाये और दोनों के रोग एक ही नुस्खे से ठीक हो जायें। ऐसा कहा जाता है कि सीनेट और बड़ी-बड़ी सभाओं में अक्सर अशितय उद्विग्न तथा अन्य रोग उत्पन्न करनेवाले विनोदी लोग आ जाते हैं। अधिकतर इन लोगों का दिमाग और हृदय की बीमारियाँ होती हैं। इन लोगों में अधिकतर हँसते-हँसते लोट जाने, दोनों हाथों (प्रायः दाहिने) की नसों और नाड़ियों में काफी ऐंठन व जकड़न होने, तिल्ली बढ़ने, पेट में गैस बनने, चक्कर

आने और बेहोश होनेवाले रोगों की अधिकता रहती है। लोग गंडमाला-गिलटियों, दुर्गंधयुक्त पीब से भरे हुए फोड़ों, कुत्ते की भाँति भूख और अपच आदि विभिन्न रोगों से (जिसका वर्णन करना यहाँ बेकार है,) ग्रसित रहते हैं। अतः इस डॉक्टर ने प्रस्ताव रखा कि कुछ डॉक्टर सीनेट की बैठक के पहले तीन दिनों तक भाग लें और हर दिन के वाद-विवाद के पश्चात् प्रत्येक सदस्य (सीनेटर) का निरीक्षण करें। इसके बाद रोगों के स्वभाव और उनके निदान के बारे में अच्छी तरह से सोच-विचार और परामर्श करके चौथे दिन दवा बेचनेवालों के साथ उचित दवाओं को लिये हुए सीनेट भवन में आयें। इससे पहले कि सदस्य बैठक में भाग लें प्रत्येक सदस्य को शांति देने तथा क्लेश हरनेवाली दवा रेचक तथा पाचक औषधि, दस्त लानेवाली दवा, रोग को कम करनेवाली दवा, मल को मुलायम करनेवाली दवा, दिमागी दवा, पांडु रोग की दवा, मिर्गी या मूर्छा की दवा, कान के रोगों की दवा या अन्य बीमारियों के अनुसार उन्हें विभिन्न दवाएँ दी जायें। जैसा इन दवाओं का असर हो उसी हिसाब से दूसरे दिन प्रातः इन दवाओं को दुबारा बदलकर या एक दिन छोड़कर दिया जाये।

इस योजना से प्रजा का अधिक पैसा नहीं खर्च होगा और जिन देशों में सीनेट को कानून बनाने की शक्ति है, वहाँ का अधिकांश कार्य संपन्न करने में बड़ी सुविधा हो जाएगी। इसके द्वारा एकमत को दृढ़ता प्राप्त होगी। वार्त्तालाप कम हो जाएँगे। आजकल जो कुछ मुँह बंद हैं वह खुल जाएँगे। दूसरे जो खुले हैं बंद हो जाएँगे। जवानों की धृष्टता दब जाएगी, वृद्ध लोगों की दृढ़ता सुधर जाएगी। मूर्ख लोग उभर पड़ेंगे और शरारती ठीक हो जाएँगें।

साधारणतया यह शिकायत रहती है कि राजाओं के कृपापात्रों की याददाश्त बहुत कमजोर और छोटी होती है। इसी डॉक्टर ने प्रस्ताव रखा था जो कोई मनुष्य प्रधानमंत्री की सेवा में रहे, उसे चाहिए कि वह उसे संक्षेप तथा स्पष्ट शब्दों में उसके कार्य के बारे में बतला दें। और बिदा होते समय उसे चाहिए कि मंत्री का भूल जाने से बचाने के लिये नाक पर चिकोटी काट लें या उसके पैर को कुचल दें या उसके दोनों कानों को खींचे या उसकी बाहों में चुटकी लें। प्रत्येक राजसभा के दिन उसके साथ यही तरीका अपनाया जाये, जब तक कि वह कार्य पूर्णरूप से हो न जाये या इनकार ही न हो जाये।

इसी तरह उसने यह भी आज्ञा दी कि देशों की महासभा में सभी सदस्य अपना मत प्रकट कर सकें और उसकी सफाई भी पेश कर दे तो उसे चाहिए कि वह अपना मत इसके ठीक विपरीत दें क्योंकि यदि ऐसा किया जाएगा तो बिना किसी शंका के इसका परिणाम प्रजा के ही हित में होगा। किसी राज्य के दलों के उग्र हो जाने पर उन्हें शांत करने के लिये उसने एक आश्चर्यजनक उपाय बतलाया। वह उपाय यह है कि आप प्रत्येक दल के सौ नेताओं को ले लीजिए। इन लोगों को जिनके सिर एक ही आकार में हों आप दो-दो के दल में बाँट

दीजिए तत्पश्चात् दो योग्य डॉक्टर प्रत्येक जोड़े के मनुष्य के दिमाग के पिछले हिस्से को इस तरह से देखें कि उनके दिमाग को बरबार बाँटा जा सके। दिमाग के पिछले भाग को काटकर विरोधी दल के मनुष्य के सिरों में बदलकर लगा दें। ऐसा मालूम होता है कि इस काम में बहुत तत्परता की आवश्यकता है। परंतु उस शिक्षक ने हम लोगों को विश्वास दिलाया कि यदि यह काम बहुत लगन और ठीक तरीके से किया जाये तो इलाज बहुत सटीक होगा उसने तर्क दिया कि दिमाग का ढाई गुना भाग खोपड़ी के बीच आपस में वाद-विवाद किया करता है। इस तरीके से यह जल्दी ही ठीक रीति पर आ जाएगा और इससे विचारों में एकता और समझदारी आ जाएगी, जितनी उन लोगों में होनी चाहिए। जहाँ तक झगड़ा-फसाद करनेवालों के मस्तिष्क की मात्रा और गुणों का अंतर है, डॉक्टर ने अपने व्यक्तिगत अनुभव के आधार पर मुझे आश्वासन दिया कि यह सब व्यर्थ की बातें हैं।

मैंने दो आचार्यों को प्रजा से बिना किसी कष्ट के धन एकत्र करने को प्रभावशाली और उचित उपायों को खोपने का वार्त्तालाप करते सुना। पहले ने मत प्रगट किया कि सबसे न्यायपूर्ण तरीका तो यह है कि अवगुणों और दोषों पर टैक्स लगा दिया जाये। टैक्स का धन निश्चित करने के लिये बहुत न्यायपूर्ण ढंग से काम लिया जाये और यह कार्य उसके कुछ पड़ोसियों के द्वारा कराया जाये। दूसरे ने इसके बिल्कुल विपरीत अपना मत प्रकट किया और बतलाया कि शरीर और दिमाग के उन गुणों पर टैक्स लगाया जाये जिसे मनुष्य मुख्यतः महत्त्व देते हैं। टैक्स की दर गुणों के कम या अधिक होने पर लगायी जाये और इसका निर्णय पूरी तरह से उन्हीं लोगों पर छोड़ दिया जाये। बुद्धिमता, वीरता और नम्रता आदि गुणों पर भारी टैक्स लगाये जायें, परंतु सम्मान, न्याय, बुद्धिमता और योग्यता पर टैक्स बिलकुल न लगाया जाये। क्योंकि यह विचित्र गुण इतने प्रकार के हैं कि कोई आदमी न तो उन्हें अपने पड़ोसी के पास विद्यमान होने की इच्छा करेगा और न स्वयं इन गुणों को कोई महत्त्व देगा।

औरतों के बारे में भी यह प्रस्ताव रखा गया कि उनकी सुंदरता और वस्त्र पहनने की योग्यता के अनुसार ही उन पर टैक्स लगाया जाये। इस संबंध में पुरुषों की भाँति उन्हें भी विशेषाधिकार रहेगा कि वे अपनी मर्जी अनुसार टैक्स दें।

विधानसभाइयों को सम्राट् के पक्ष में रखने के लिये उसने प्रस्ताव रखा कि मत डालकर सदस्यों के हाथ जगहें बेची जायें। पहले हर एक आदमी को शपथ लेनी होगी और इस बात की जमानत देनी पड़ेगी कि वह सम्राट के पक्ष में मत देगा। यह बात दूसरी है कि वह जीते या न जीते। इसके बाद हारे हुए लोगों को स्वतंत्रता रहेगी। उनका नंबर आने पर वह दूसरी जगह के लिये मत डाल सकें। इस तरह से आशा और प्रोत्साहन जीवित रहेगा और कोई भी इस बात की शिकायत न करेगा कि उसके वायदे को तोड़ा गया। उसकी निराशा का कारण उसकी तकदीर ही समझी जाएगी।

दूसरे आचार्य ने मुझे सरकार के विरुद्ध षड्यंत्रों और गुप्त समितियों को खोज निकालने के तरीकों और निर्देश पर लिखा हुआ एक लंबा कागज दिखलाया। यह पूरा पर्चा अत्यंत सावधानी और तत्परता के साथ लिखा गया था। इसमें राजनीतिज्ञों के लिये लाभदायक और उत्सुक अनुभव लिखे गये थे। परंतु जहाँ तक मेरा विचार है, वे अधूरे थे। यह बात मैंने लेखक से बताने का साहस किया और यह निवेदन किया कि क्या वह और बातें इसमें जोड़ेगा। उसने मेरे प्रस्ताव को मान लिया और अश्वासन दिया कि इन सूचनाओं को वह शामिल करेगा।

मैंने उसे बताया कि यात्रा के संबंध में मैंने ट्रिबनिया नामक राज्य का भी भ्रमण किया है। यहाँ के आदिवासी लैग्डन* कहलाते थे। यहाँ के अधिकांश निवासी मुख्यतः आवेदकों, गवाहों, सूचना देनेवालों, कलंकित करनेवालों, वादियों, गवाहियों और शपथ दिलानेवालों की भाँति थे। इन लोगों के साथ इनके सहायक तथा निम्न श्रेणी के अधिकार भी थे। ये सब लोग राज्य के मंत्रियों और उपमंत्रियों के अधीन थे। ये लोग उन्हीं के रंग के तथा उन्हीं की आज्ञा के अनुसार कार्य भी करते थे। उन्हीं से इनको वेतन भी मिलता था। इस राज्य में षड्यंत्र वही लोग करते थे जिनकी अभिलाषा राजनीतिक क्षेत्र में अपने को ऊँचा उठाने, शासन को नवजीवन प्रदान करने, साधारण असंतोष को उभारने, अपनी तिजोरियों

---

* ट्रिबनिया और लैग्डेन जैसा कि हम देखेंगे ब्रिटेन और इंग्लैंड के शब्द को उलट-पुलटकर नये नाम बनाये गये हैं। लेखक यहाँ पर अपने देश का वर्णन करता हुआ अपने मित्र आटरबरी जो रोकेस्टर का विषय था, उसी के मुकदमे के बारे में बतलाता है। आटरबी पर अभियोग लगाया था कि उसने जैको वाईट लोगों को षड्यंत्र में सहायता दी। सब मिल जाने के बाद उस पर मुकदमा चला जो ऊपर बताये गये तरीके से चलाया गया।

को दंड से प्राप्त जुर्माने की रकम से भरने और जनता की आशा को डुबाने या उठाने की होती थी। क्योंकि इनमें से किसी भी तरीके से उनका व्यक्तिगत लाभ होता था। उन लोगों में पहले यह तय हो जाता था कि किन व्यक्तियों पर षड्यंत्र का संदेह है। उसके बाद उन लोगों के कागजात और दूसरी वस्तुओं को प्राप्त करने के लिये विशेष प्रबंध और सावधानी रखी जाती थी, फिर उन्हें गिरफ्तार कर लिया जाता था। इन लोगों से प्राप्त कागजों को कलाकारों के दल को दे दिया जाता था। ये लोग रहस्यमय शब्दों, अक्षरों और अक्षरों के समुदायों के गुप्त अर्थ पाने में प्रवीण होते थे। उदाहरण के तौर पर कलहंस चिड़ियों के एक झुंड से ये लोग सीनेट का गुप्त अर्थ निकाल लेते थे। इसी प्रकार एक लँगड़े कुत्ते से आक्रमणकारी प्लेग से तैयार फौज, वजाई नामक चिड़िया से प्रधानमंत्री, गठिया रोग से ऊँचे पादरी, फाँसी देनेवाले यंत्र से राज्य के सचिव, चलनी से दरबार की महिला, झाड़ू से विद्रोह, चूहेदानी से नौकरी, परनाले से दरबार, टोपी और घंटी से कृपापात्र, टूटे हुए नरकुल से न्यायालय, खाली पीपे से सेनापति और पीड़ादायक फोड़े से शासन शब्दों का गुप्त अर्थ मानते थे।

जब यह तरीका असफल हो जाता है तो वहाँ के लोग दो और तरीकों को इस्तेमाल में लाते थे। जिन्हें एक्रोश्टिक्स और ऐनाग्रेम्स के नाम से पुकारा जाता था। पहले तरीके से प्रारंभ के शब्दों द्वारा ये लोग राजनीतिक अर्थ निकालते थे। जैसे एन शब्द का तात्पर्य षड्यंत्र। बी को घोड़ों की फौज। एल का जहाजी बेड़े से था। दूसरे तरीके के द्वारा गुप्त कागज पर लिखे हुए शब्दों को इधर-उधर हटाकर ये लोग असंतुष्ट दल के षड्यंत्रों का पता लगाते थे और इसी तरीके को ऐनाग्रेमटिक कहा जाता था।

आचार्य ने मेरे बताये हुए अनुभवों के लिये मुझे बहुत धन्यवाद दिया और मुझसे वायदा किया कि वह अपने ग्रंथ में मेरा उल्लेख करेगा।

मैंने इस देश में कोई ऐसी वस्तु नहीं देखी जो मुझे यहाँ और अधिक दिनों तक रोक सके। फलतः अब मैं अपने घर इंग्लैंड लौटने की सोचने लगा।

7

जिस महाद्वीप की यह राजधानी है मेरे विचार से वह अमेरिका का अंजान पूर्वी

किनारा है। यह कैलीफोर्निया के पश्चिम और प्रशांत महासागर के उत्तर की ओर स्थित है। लेगेड़ों से यह स्थान डेढ़ सौ मील से अधिक नहीं है। यह अच्छा बंदरगाह है जिससे काफी व्यापार होता है। यह स्थान उत्तर-पश्चिम करीब 29 डिगरी उत्तरी अक्षांस और 140 डिगरी रेखांश पर स्थित है। लगनेग का यह द्वीप जापान के दक्षिण और पूर्व की ओर करीब 100 लीग की दूरी पर है। लगनेग के राजा और जापान के सम्राट् मैं घनिष्ठ मैत्री है जिसके कारण एक द्वीप से दूसरे द्वीप की समुद्री यात्रा करने के काफी अवसर आते रहते हैं। यूरोप वापस न

लौटने के लिये ही मैंने इसी ओर की यात्रा का निश्चय किया। मैंने दो लद्दू घोड़े और एक पथ-प्रदर्शक किराये पर लिया। ताकि अपने थोड़े के सामान के साथ में वहाँ जा सकूँ। मैंने अपने दयावान और सभ्य मित्र रक्षक से बिदा ली। उसने मेरे प्रति बेहद प्रेम प्रगट किया था और चलते समय उसने मुझे काफी उपहार दिये।

मेरी इस यात्रा में ऐसी घटना या साहसिक कार्य घटित नहीं हुआ जो बतलाने के योग्य हो। जब मैं मालडेनीडा (जैसा उसे पुकारा जाता है) बंदरगाह पर पहुँचा तो मालूम हुआ कि कोई भी जहाज अभी लगनेग की यात्रा नहीं कर रहा है और न निकट भविष्य में आशा ही है। यह शहर करीब पोर्ट्स्माउथ के बराबर है। यहाँ बहुत जल्दी मेरी जान-पहचान हो गयी और मेरा स्वागत अत्यंत आदर के साथ किया गया। एक संभ्रांत व्यक्ति ने मुझसे कहा कि एक महीने तक अभी कोई जहाज लगनेन जाने को तैयार नहीं है। इस बीच यह बात कम मनोरंजक न होगी कि मैं ग्लबडबड्रिब नामक द्वीप की यात्रा कर लूँ। यह द्वीप यहाँ से करीब पाँच लीग दक्षिण-पश्चिम की ओर स्थित है। उसने अपने एक मित्र के साथ मुझे वहाँ चलने के लिये निमंत्रित किया और यह भी बतलाया कि सुविधापूर्ण यात्रा करने के लिये मुझे एक छोटी नाव भी दे दी जाएगी।

मेरी समझ से ग्लबडबड्रिव का अर्थ सोरसर्रस या जादूगरों का द्वीप है। यह ह्वाईट द्वीप से तीन गुना बड़ा और धनधान्य से पूर्ण है। इसका शासन किसी कबीले के मुखिया के द्वारा होता है। यहाँ के सभी लोग जादूगर होते हैं। इन लोगों में शादी केवल अपने कबीले में ही होती हैं। उत्तराधिकार में जो सबसे बड़ा होता है वही राजकुमार या राज्यपाल बनाया जाता है। उसके पास शानदार महल है। करीब तीन हजार एकड़ का सुंदर उद्यान है जिसके चारों ओर बीस फुट ऊँची पत्थर की ईंटों की दीवार है। इस उद्यान में कई छोटे-छोटे घिरे हुए स्थान जानवरों, कृषि-अन्न तथा बागवानी के लिये बने हैं।

राज्यपाल और उसके कुटंबवालों के पास विचित्र प्रकार के सेवक हैं। पिशाच विद्या में निपुण होने के कारण उसके पास ऐसी शक्ति है कि वह अपनी इच्छानुसार मरे हुए आदमी को पुनः जिलाकर चौबीस घंटों तक उससे सेवा कराता है। इससे अधिक समय तक नहीं और न वह फिर तीन महीने के अंदर उस आदमी को बुला सकता है। केवल कुछ बिशेष अवसरों पर यह नियम लागू

नहीं होता है।

हम लोग जब प्रातःकाल इस द्वीप में पहुँचे तो करीब 11 बजा था। हमारे साथ का एक आदमी राज्यपाल के पास गया और एक अनजान आदमी के द्वीप में प्रविष्ट होने तथा महाराज से मिलने की अनुमति माँगी। तुरंत ही आज्ञा मिल गयी और हम तीनों रक्षकों की दुहरी कतार के बीच से होकर महल के फाटक में घुसे। इन रक्षकों की पोशाकें, हथियार विचित्र प्रकार के थे और उनके चेहरों को देखकर मारे भय के मेरा खून सूखने लगा। मैं अपने भय को प्रगट न

कर सका।

हम लोग कई कमरों से होकर गुजरे। उसी प्रकार के सेवक पहले की तरह हम लोगों के दोनों ओर कतार बनाये उस समय तक खड़े रहे जब तक कि हम लोग पेश होनेवाले कमरे में न आ गये। इस कमरे में हम लोगों का अभिवादन हुआ और कुछ साधारण प्रश्न पूछे गये। महाराज के सिंहासन की सबसे नीचीवाली सीढ़ी के पास पड़े हुए तीन स्टूलों पर हम लोगों को बैठने की आज्ञा मिली। महाराज वाल्वी बार्बी की भाषा समझते थे जो इस देश से बिल्कुल विभिन्न भी। उसने यह इच्छा प्रगट की कि मैं उसे अपनी यात्रा के बारे में कुछ बताऊँ। उँगली के एक इशारे से उसके सब सेवक गायब हो गये। मुझे अत्यंत आश्चर्य हुआ कि वे सब क्षण-भर में ही उसी तरह विलीन हो गये जैसे एकाएक जग जाने पर स्वप्न के सब दृश्य विलीन हो जाते हैं। कुछ समय तक तो मैं अपने को सँभाल न सका; परंतु जब राजुकुमार ने मुझे आश्वासन दिया कि मेरा कुछ भी नुकसान न होगा, मैं खुश हो गया। जब मैंने देखा कि मेरे दो अन्य साथियों पर भी कुछ असर नहीं पड़ रहा है और इन लोगों का स्वागत इसी तरह कई बार हो चुका है तो मुझे भी साहस आने लगा; और मैं महाराज को अपनी यात्रा की साहसिक घटनाएँ बतलाने लगा। परंतु अब भी मैं कुछ डर रहा था और कभी-कभी पीछे घूमकर उस स्थान को देख लेता था जहाँ मैंने उन घरेलू भूतों को देखा था।

मुझे राज्यपाल के साथ भोजन करने का सौभाग्य प्राप्त हुआ। यहाँ नये प्रकार के भूतों द्वारा मांस परोसा गया था। वे मेज पर इंतजार कर रहे थे। मैंने अनुमान किया कि सुबह की अपेक्षा अब मुझे उन भूतों से कम डर लगा। मैं सूर्य डूबने तक वहाँ ठहरा रहा परंतु नम्रतापूर्वक महाराज से निवेदन किया कि वह मुझे अपने महल में ठहरने के निमंत्रण के लिये क्षमा करें। मैं पड़ोस के शहर में, जो इस छोटे द्वीप की राजधानी है में अपने दोनों मित्रों के साथ एक निजी मकान में ठहरा। दूसरे दिन सुबह हम लोग आज्ञानुसार महाराज के पास उपस्थित हुए।

इस तरह इस द्वीप में मैं दस दिन तक रहा। दिन में अधिकांशतः मैं राज्यपाल के साथ और रात में अपने घर में रहता था। भूतों को देखने का मैं अब इतना अभ्यस्त हो गया था कि तीसरी या चौथी बार उन्हें देखने से मेरी उत्सुकता पर काई प्रभाव नहीं हुआ। महाराज ने मुझसे कहा कि यदि मैं चाहूँ तो वह मेरे

द्वारा बतलाए हुए आज तक के मरे हुए लोगों को बुला सकता है। मेरे प्रश्नों के उत्तर भी उन मृतकों से दिलवा देगा। केवल बंधन यही होगा कि प्रश्न उसी समय के होने चाहिए जबकि वे मृतक जिन्दा रहे हों। उसने कहा कि मुझे विश्वास कर लेना चाहिए कि वे सब सत्य बात ही बतलाते हैं क्योंकि उस दुनिया में झूठ बोलने से कोई लाभ नहीं होता।

महाराज की इस महान् अनुकृपा के लिये मैंने विनम्र शब्दों में उनका आभार प्रकट किया। हम लोग एक कमरे में थे जहाँ से उद्यान का दृश्य स्पष्ट दिखलायी पड़ता था। पहले मेरा विचार हुआ कि मैं शानदार और वीरता के दृश्यों से अपना मनोरंजन करूँ। अतः मैंने इच्छा प्रगट की कि मैं अरबेला के युद्ध के पश्चात् सिकंदर महान् को फौज के साथ देखना चाहता हूँ। राज्यपाल के उँगली से संकेत करते ही जहाँ हम लोग खड़े थे तत्काल वह एक बड़े मैदान में खिड़की के नीचे प्रगट हुआ। सिकन्दर को कमरे के अंदर बुलाया गया। अत्यंत कठिनता से मैं उसकी यूनानी भाषा समझ पाया। मैं यूनानी भाषा कुछ कम ही जानता था। उसने मुझे विश्वास दिलाया कि उसे विष नहीं दिया गया था वरन् शराब अधिक पीने के कारण उसकी मृत्यु हुई थी।

तत्पश्चात् मैंने हतीबाला को देखा जो आल्पस से गुजर रहा था। उसने मुझसे बतलाया कि उसके तंबू में एक बूँद भी शक्तिदायक पेय न था।

मैंने सीजर और पाम्पी को अपनी फौजों के साथ उस समय देखा जबकि वे लड़ने जा रहे थे। मैंने सीजर को उसकी अंतिम विजय के साथ देखा। मैंने इच्छा प्रगट की कि एक बड़े कमरे में रोम की सीनेट और दूसरे में इसके विपरीत आधुनिक प्रतिनिधि प्रगट हो। पहली को देखने से मालूम हुआ कि वह वीर और देवता के संतानों की सभा थी, दूसरी सभा पैदल चलनेवालों, जेबकतरों, डाकुओं और निर्दयी लोगों की थी।

राज्यपाल ने मेरी प्रार्थना पर सीजर तथा ब्रूटस को हम लोगों की ओर बढ़ने का संकेत किया। ब्रूटस को देखते ही मेरा हृदय श्रद्धा से भर गया। उसकी मुखाकृति से उत्कृष्ट गुणों का आभास होता था। उसके चेहरे पर मस्तिष्क की निर्भयता, दृढ़ता, वास्तविकता, देशप्रेम तथा मनुष्य जाति के प्रति दया के भाव स्पष्ट रूप से विद्यमान थे। परस्पर अत्यंत आनंद-प्रेम व सद्भाव था। सीजर ने स्वच्छंदतापूर्वक मुझसे स्वीकार कर लिया कि जीवन के महानतम कार्य भी किसी

सीमा तक उसके उठा लिये जाने के यश के बराबर न था। ब्रूटस से काफी बातचीत करने का भी गौरव मुझे प्राप्त हुआ। उसने मुझसे बतलाया कि उसके पूर्वज जुनियस, सोकरेटस, इपेमिनोंडस, छोटो केंटो, सर थामस मोर और वह छहों लोग स्वयं अद्वितीय थे। संसार में अब तक इन छहों में कोई सातवाँ नाम नहीं जुड़ पाया है।

पाठकों के लिये यह अत्यंत कष्टप्रद होगा कि मैं उनको उन तमाम बातों के बारे में बतलाऊँ जो मेरी इच्छानुसार बुलाए गये थे। मैं प्राचीन समय के सब महान् लोगों से बातचीत करना चाहता था। मुख्यतः मैं निर्दयी और बलापहारों को नष्ट करनेवालों तथा आहत और शोषित राष्ट्रों में स्वतंत्रता की स्थापना करनेवालों के दर्शन करके नेत्र-लाभ करता था। परंतु जो संतोष मुझे प्राप्त हुआ उसका इस तरह वर्णन करना और पाठकों का मनोरंजन होना असंभव सा प्रतीत होता है।

8

अपनी चतुरता और योग्यता के लिये प्रसिद्ध इन प्राचीन लोगों को, देखने की मेरी अभिलाषा थी। इसके लिये मैंने एक दिन अलग रख लिया था। मैंने प्रस्ताव रखा कि अपने समस्त आलोचकों के साथ होमर और अरस्तू प्रगट हों। परंतु इन लोगों की संख्या इतनी थी कि सैकड़ों मृत आदमियों को राजमहल तथा दरबार के बाहरी कमरों में आना पड़ा। इन दो नायकों को मैंने देखते ही केवल भीड़ से ही नहीं वरन् चहरे से भी पहचान लिया था। इन दोनों में होमर सुन्दर था। अपने समय का अद्वितीय व्यक्ति होने के कारण सीधा चलता था। उसकी आँखें बहुत तेज और इतनी मर्मभेदी थीं कि मैंने इससे पहले कभी ऐसी आँखें नहीं देखी थीं। अरस्तू बहुत अधिक झुक गया था और छड़ी का प्रयोग करता था। उसका चेहरा दुर्बल था। बाल बहुत कम और पतले थे तथा आवाज लड़खड़ाती थी। मैंने शीघ्र पता लगा लिया कि ये दोनों व्यक्ति शेष अन्य लोगों से बिल्कुल अनभिज्ञ थे। इसके पहले कभी भी इन लोगों को देखा या सुना न था। बिना नाम के मैंने एक भूत द्वारा सुना था कि इन आलोचकों को लज्जा तथा छिद्रान्वेषण से बहुत दूर

होने के कारण इनको नीचे की दुनिया में अलग रखा जाता है। क्योंकि इन लोगों ने भविष्य की संतानों के सामने इन लेखकों के बारे में अत्यंत गलत तरीके से बताया था।

मैंने डिडीमस और इस्टेथिस्टास का परिचय होमर से कराया और यह अनुरोध किया कि वह इन लोगों से इनकी योग्यता से अधिक अच्छा व्यवहार करे। शीघ्र ही होमर को यह पता चल गया कि ये लोग एक योग्य व्यक्ति की खोज में थे, जिसे वे एक कवि की आत्मा में प्रवेश कराना चाहते थे। परंतु जब मैंने अरस्तू से स्काट्स और रेमस के बारे में बतलाया तो उसके धैर्य का बाँध टूट गया और उसने पूछा कि क्या इस कबीले के शेष लोग भी इन लोगों की तरह मूर्ख और बेवकूफ के हैं ?

इसके बाद मैंने राज्यपाल से इच्छा प्रगट की कि वह डेस्कार्टस और गेसेंडी को बुला दें। इन लोगों के द्वारा इन लोगों की पद्धति की व्याख्या अरस्तू के सामने कराना चाहता था। इस महान् दार्शनिक ने स्पष्ट रूप से अपने प्राकृतिक दर्शन की भूलों को स्वीकार कर लिया। उसने यह भी कहा कि कुछ चीजों में उसने कल्पना का सहारा लिया था जैसा कि सभी मनुष्य करते हैं। उसने गेसेंडी, जिसने इपीकुर्स के सिद्धांत को अपनी सामर्थ्य के अनुसार अधिक ग्राह्य बनाया और डेस्कार्टस की भवरों के कारण निंदा की, उसके आकर्षण के बारे में भी इस प्रकार भविष्यवाणी की जिसके कि उपस्थित लोग प्रबल समर्थक थे। उसने कहा कि प्राकृति की नयी पद्धतियाँ नये फैशन की थीं जो प्रत्येक काल में बदल जाएँगी और ऐसे लोग जो गणित के सिद्धांतों द्वारा इनके प्रदर्शन का बहाना करके कुछ समय के लिये सफल हो जाते हैं, परंतु जब वह निश्चित हो जाता है तो उनका प्रचलन बंद हो जाता है।

इस द्वीप के विद्वान् लोगों से वार्त्तालाप करने में मैंने पाँच दिन बिता दिये। मैंने रोम के अधिकतर प्रारंभिक सम्राटों को देखा। राज्यपाल से मैंने प्रार्थना की कि वह लोगों को भोज को तैयार करने के लिये हेलिग्प्रोगेबेलुस के रसोइयों को बुला दें। परंतु सामान की कमी के कारण वे लोग अपनी योग्यता को न दिखा सके। ऐगसिलेयस के एक दास ने एसपार्टा के शोरबे की एक तश्तरी तैयार की परंतु मैं इस योग्य न था कि दूसरा चम्मच खा सकूँ।

जिस दिन सज्जनों ने मुझे इस द्वीप की यात्रा करायी थी उनको व्यक्तिगत

कार्यों के कारण तीन दिन में ही लौट जाना था। इस समय मैंने आधुनिक समय के कुछ मृत व्यक्तियों से परिचय किया जिन्होंने गत दो या तीन सौ वर्षों में अपने तथा अन्य देशों में नाम कमाया हो। प्राचीन संभ्रांत राज-परिवारों के प्रशंसक होने के कारण मैंने राज्यपाल से इच्छा प्रगट की कि वह एक दर्जन या दो राजाओं को अपने पूर्वजों और आठ या नौ पीढ़ियों की संतानों के साथ उपस्थित होने की आज्ञा प्रदान करें। परंतु मुझे आशा के विपरीत अत्यंत निराशा हुई। क्योंकि मुकुट पहने हुए लोगों की कतार के बजाय मुझे राजवंश में दो सारंगी बजानेवाले, तीन बने-ठने दरबारी और इटली की चर्च का एक बड़ा अधिकारी दिखायी पड़ा। दूसरे में एक नाई, एक महंत और दो कैथोलिक धर्माध्यक्षों को देखा। ऐसे मुकुटधारी अध्यक्षों के प्रति मुझे अत्यंत श्रद्धा है और इतने सुंदर विषय पर बातचीत करने में भी मुझे अत्यंत आनंद आता है। परंतु काउंट्स मारकुइसेज, डयूक्स, अर्लस आदि और लोगों के प्रति मैं इतना शंकाग्रस्त न था। मैं स्वीकार करता हूँ कि मुझे अत्यंत आनंद प्राप्त हुआ। मैंने कुछ विशेष चिह्नों को खोज निकाला जिनके द्वारा कुछ राजवंशों की उत्पत्ति के बारे में पता लग जाता था। मैं सरलता से पता लगा सकता था कि कब किसी वंश में लंबी ढोढीवाली निकलती है। दूसरे परिवार में दो पीढ़ियों तक धूर्त और दुष्ट तथा दो और पीढ़ियों तक मूर्ख लोग क्यों उत्पन्न होते हैं। तीसरे में क्यों सनकी और पागल लोग पैदा होते हैं। और चौथे में तीक्ष्ण वृद्धिवाले क्यों उत्पन्न होते हैं। एक बार एक महान् राजवंश के लिये पोलीडोर बिरजिल ने कहा था–(Necvir, fortis, nec, faemina carto)।

निर्दयता, झूठ और कायरता भी ऐसी विशेषताएँ बन जाती हैं जिनके द्वारा कुछ राजवंशों को शास्त्रों के चिह्नों की भाँति पहचाना जा सकता है। इन सब बातों से मुझे आश्चर्य ही हुआ जब कि मैंने इन राजवंशों की पंक्तियाँ दरबार के लड़कों, अनुचरों, दासों, गाड़ीवालों, जुआड़ियों, पैदल चलनेवालों, खिलाड़ियों, कप्तानों और जेबकतरों को विघ्न डालते देखा।

मुख्यतया मैं आधुनिक इतिहास से अत्यंत असंतुष्ट था। गत सौ वर्षों के महान राजाओं का मैंने अत्यंत सावधानी के साथ अध्ययन किया। मुझे मालूम हुआ कि लेखकों ने महान् पराक्रम योद्धाओं को कायर बतलाकर संसार को धोखा दिया। बुद्धिमान् सलाहकार को मूर्ख, चापलूसी करनेवालों को शुभचिंतक

और देश के गद्दारों को रोम के गुणों से विभूषित किया है। इसके अतिरिक्त इन लेखकों ने अनीश्वरवादियों में दया, सूचना देनेवालों में सत्यता की विशेषताओं का प्रदर्शन किया है। न मालूम कितने निर्दोष और योग्यतम पुरुषों को बड़े मंत्रियों के कहने पर न्यायाधीशों के भ्रष्टाचार पर देश निकाला अथवा मृत्यु का दंड मिला। न मालूम कितने धूर्त और बदमाश लोगों को विश्वास, शक्ति, आदर, श्रद्धा के महान पदों पर प्रतिष्ठित किया गया है। दरबार, सीनेट और विधान बनानेवाली सभा तथा न्यायालयों की कार्यवाहियों और प्रस्तावों को विदूषक और चापलूस लोग किस तरह से प्रभावित करते हैं। मनुष्य की बुद्धिमत्ता और पूर्णता के बारे में मैंने अपना मत उस समय इतना नम्र बना लिया जिस समय मुझे यह बतलाया गया कि संसार की साहसिक घटनाओं और विद्रोहों की वास्तविक प्रारंभ्झ कहां से है। उनकी सफलता की घृणित घटनाओं के बारे में भी बहुत कुछ पता चला। यहाँ मैंने उन लोगों की बदमाशी और अज्ञानता के बारे में पता लगाया जो छोटी कहानी या गुप्त इतिहास लिखने का बहाना करते हैं।

जो लोग तमाम राजाओं को विष के प्यालों के साथ उनकी कब्रों में भेज देते हैं। प्रधानमंत्री और राजा की अंतरंग बातचीत वार्त्तालाप को दुहराते हैं, हालांकि उसका कोई गवाह नहीं होता है। राजा के मंत्रियों और विदेश मंत्रियों के विचारों को प्रगट करते हैं और सदैव अभागे तथा गलत समझे जाते है। यहाँ मैंने उन महान् सत्य घटनाओं का पता लगाया जिन्होंने संसार को चकित कर दिया था। मेरे सामने एक सेनापति ने स्वीकार किया कि उसने केवल कायरों और असंगठित सेना के द्वारा विजय प्राप्त की। एक सरदार ने बतलाया कि उचित समझ की कमी के कारण उसने उस शत्रु को मार लिया जिसके जहाजी बेड़े के साथ वह विश्वासघात करना चाहता था। तीन राजाओं ने मुझसे शिकायत की कि अपने राज्यों में उन लोगों ने कभी भी योग्य व्यक्तियों को सहायता न दी जब तक किसी विश्वासपात्र मंत्री ने भूल न की हो या धोखा न दिया हो। और यदि वे दुबारा जन्म लें तो भी ऐसा न करेंगे। उन लोगों ने बड़े-बड़े तर्कों द्वारा यह दिखा दिया कि किस तरह सिंहासन को भ्रष्टाचार के बिना सुरक्षित नहीं किया जा सकता क्योंकि स्पष्ट विश्वासी, हठी स्वभाव आदि गुण मनुष्य में आ जाने से वह जनता के कार्यों में सदैव रोड़ा अटकाने लगता है।

मुझे यह जानने की उत्सुकता थी कि किन उपायों से इन महान् सदस्यों ने इस प्रकार के ऊँचे-ऊँचे पद और संपत्ति प्राप्त की है। मैंने अपनी यह पूछताछ आधुनिक समय तक ही रखी थी। वर्तमान समय के बारे में कर्कश कठोर शब्द नहीं सुने थे। क्योंकि इन विदेशियों के विरुद्ध भी मैं कोई अपराध करना नहीं चाहता था। मुझे आशा है कि इस अवसर पर जो कुछ मैं कह रहा हूँ, मेरा विचार अपने देश के बारे में कुछ भी कहने का नहीं है।

इससे संबंधित बहुत से आदमियों को बुलाया गया। उड़ती निगाह से ही देखने पर इतना कलंकपूर्ण दृश्य दिखायी पड़ा, उसका वर्णन मैं नहीं कर सकता। झूठी गवाही, निर्दयता, जाल, धोखा और नीच कार्य में सहायता देने आदि के कार्य या इसी तरह के अन्य अवगुण इन लोगों के अनुसार क्षमा कर देने के योग्य हैं। इन सबका जैसा कि उचित था मैंने अनुमोदन किया परंतु जब कुछ लोगों ने यह स्वीकार किया कि उनकी महानता और संपन्नता व्यसनों तथा विषयोपभोग का परिणाम है। जब कुछ लोगों ने देश या राजा के प्रति विश्वासघात करके तथा कुछ लोगों ने विष देकर और कुछ लोगों ने निर्दोष लोगों को नष्ट करने के लिये न्याय को भी दूषित कर दिया था। तो मुझे आशा है कि अनुमोदन करने के लिये भी क्षमा कर दिया जाऊँगा। यदि इन खोजों के द्वारा ऊँचे-ऊँचे पदों पर बैठे हुए व्यक्तियों के प्रति मेरी वास्तविक श्रद्धा कम हो जाये तो कोई बात नहीं। इस उत्कृष्टता तथा प्रतिष्ठा को देखते दम तक निम्न व्यक्तियों का अत्यधिक आदर करना चाहिए।

मैंने राजाओं तथा राज्यों के प्रति की गयी महान् सेवाओं के बारे में बहुत कुछ पढ़ा था। अतः मेरी इच्छा थी कि उन व्यक्तियों से मिलूँ जिन्होंने इस प्रकार की सेवाएँ की थीं। जाँच करने पर मुझे बतलाया गया कि इस प्रकार के लोगों का नाम कहीं नहीं लिखा था। केवल इस प्रकार के कुछ लोगों को इतिहास में पतित, दुष्ट, विश्वासघातक मनुष्यों के रूप में उपदर्षित किया गया था। जहाँ तक शेष लोगों का प्रश्न है उनके बारे में भी सुना। ये लोग मेरे सामने निराश चेहरे और अत्यंत हीन दशा में उपस्थित हुए। उनमें से अधिकांश लोगों ने मुझे बतलाया कि उनका अंत गरीबी और अपमान के कारण हुआ और बचे हुए लोगों को गिबट या फाँसी पर चढ़ना पड़ा।

दूसरे लोगों में एक ऐसा आदमी भी था जिसका मामला कुछ अजीब ही था। उसका अठारह वर्ष का एक जवान लड़का वहीं पास ही खड़ा था। उसने मुझे बताया कि कई वर्षों तक वह जहाजों का कमांडर रहा। एकिटयम के समुद्री युद्ध में उसने शत्रु की युद्ध-रेखा को तोड़ देने का श्रेय प्राप्त किया था। उनके तीन बड़े जहाजों को डुबाकर इसने चौथे पर कब्जा कर लिया था। ऐंटोनी के भाग जाने और विजय प्राप्त होने का केवल एक मात्र यही कारण था। उसके पास ही खड़ा हुआ था उसका जवान तथा अकेला लड़का जो युद्ध समाप्त हो जाने पर अपनी योग्यता और विश्वास के कारण रोम गया था। वहाँ आगस्टस के दरबार में प्रार्थना की कि मुझे बड़े जहाज के लिये वरीयता दी जाये जिसका कमांडर मार डाला गया था। परंतु उसकी महात्त्वाकांक्षा पर कोई भी विचार न करके वह स्थान एक ऐसे लड़के को दे दिया गया जिसने कभी समुद्र भी नहीं देखा था। वह लड़का एक विलासी मनुष्य था, जो राजा की एक प्रेमिका की प्रतीक्षा किया करता था। जहाज में लौटने पर उसके ऊपर असावधानी का आरोप लगा और जहाज को छोटे एडमिरल पब्लिकोला के प्रिय छोटे नौकर के हाथों दे दिया गया था। इस पर रोम से वह काफी दूर अपने छोटे खेत पर लौट आया। इसी स्थान पर उसने अपनी जीवनलीला समाप्त कर ली। मैं उसकी कहानी की सत्यता को जानने के लिये इच्छुक था। अतः मैंने आकांक्षा प्रगट की कि अगारेप्पा को बुलाया जाये। वह उपस्थित हुआ। उसने सारी कहानी का अनुमोदन किया परंतु कप्तान को इससे काफी लाभ हुआ क्योंकि उसकी नम्रता के कारण उसके अनेक गुणों के अधिकांश भाग छिप गये थे।

सभाओं मे अय्याशी बढ़ जाने तथा तेजी से भ्रष्टाचार बढ़ जाने पर मुझे अत्यंत आश्चर्य हुआ। दूसरे देशों में इसी के विपरीत घटनाओं को देखकर मुझे अधिक आश्चर्य नहीं हुआ जहाँ कि हर तरह के दोषों ने लंबी अवधि तक शासन किया था और जहाँ समस्त प्रशंसा और लूट मुख्य कमांडर हिस्से में थी। शायद दोनों में से किसी के लिये भी वह अधिकारी न था।

प्रत्येक व्यक्ति हम लोगों के सम्मुख उसी रूप में प्रगट होता था जिसमें वह संसार में आया था। यह देखकर कि गत सौ वर्षों में मनुष्य जाति कितनी पतित हो गयी थी, मुझे अत्यंत दुख हुआ। दुर्गुणों ने अंग्रेज जाति की आकृति-प्रकृति

कितना बदल दिया था? शरीरों के आकार को छोटा करके नसों को ढीला कर दिया था। मांसपेशियां और स्नायु शिथिल हो कर चेहरा भूरे रंग का होने लगा था और मांस ढीला तथा दुर्गंधयुक्त हो गया था।

अब मैं इतने नीचे उतर आया था कि मैंने इच्छा प्रगट की कि प्राचीन जमींदार का मेरे सम्मुख प्रस्तुत होने के लिये पुकारा जाये। ये लोग पहले अपने आचरण, वस्त्र, भोजन तथा व्यवहार में उचित न्याय के लिये अत्यधिक प्रसिद्ध थे। स्वतंत्रता की वास्तविक इच्छा, वीरता और देशप्रेम के लिये ये लोग अद्वितीय माने जाते थे। मरे हुए लोगों से जीवितों की तुलना करने पर जब मैंने यह विचार किया कि अपने शुद्ध गुणों को कुछ पैसों के लिये बेच दिया तो मैं पूरी तरह से विचलित न हुआ। ऐसे लोग अपने वोट बेचकर तथा चुनाव का प्रबंध करके उन सब दुर्गुणों को प्राप्त कर लेते हैं जो सरलता से एक दरबार में सीखे जा सकते हैं।*

9

हम लोगों के विदा होने का दिन आ गया। मैंने ग्लब ड्रबड्रिव के राज्यपाल से अंतिम भेंट करके विदा ली और अपने दो साथियों के साथ माल्डोनेडा को लौट आया। लगभग पंद्रह दिन इंतजार करने पर एक जहाज लैग्नेग के लिये तैयार मिला। वे दोनों सज्जन तथा अन्य पुरुष इतने दयावान और सुशील थे कि उन्होंने मुझे काफी सामान दिया तथा मुझे विदा करने समुद्र-तट आये। इस यात्रा में मैं एक महीने तक रहा। हम लोगों को एक बड़े तूफान का सामना करना पड़ा और व्यापारियों को पश्चिम की ओर चलना पड़ा, जो करीब साठ लीग की दूरी पर था। 21 अप्रैल, 1708 ई. को हम लोगों ने कलयेग्निग नदी को पार किया।

---

* यद्यपि सिफत को दुर्भाग्य ने उसे एक भ्रष्ट सरकार का रक्षक बनाया था परंतु उसकी सहानुभूति पूर्ण रूप से सार्वजनिक अधिकारों तथा राजनीतिक शुद्धता की ओर थी परंतु दरबार के पापों की निंदा करने में यह कभी न चूका था। लोगों के अधिकारों को पूर्ण नष्ट करने और राजाओं की प्रजा के प्रति अवहेलना की भी इसने आलोचना की अथवा प्रस्तुत गद्यांग से प्रगट है कि उच्च राजनीतिक नायकों के भ्रष्टाचार का प्रभाव निम्न श्रेणी के लोगों पर भी पड़ रहा था।

लग्नेग के दक्षिण-पूर्व की ओर एक समुद्री शहर था। हम लोगों ने शहर के करीब एक लीग की दूरी पर लंगर डाल दिया और एक चालक के आने के लिये इशारा किया। आधे घंटे से कम समय में ही उनमें से दो लोग किनारे पर आ गये। ये लोग हम लोगों को बालू के भयानक ढूहों और चट्टानों से बचाकर एक जलाशय में ले गये जहाँ जहाजी बेड़ा शहर की दीवार से एक केबल की लंबाई तक सुरक्षित रह सकता था।

हमारे कुछ नाविकों ने या तो धोखेबाजी या अज्ञानता के कारण चालकों को यह बता दिया कि मैं एक अजनबी और महान् यात्री था। इस पर इन लोगों ने एक चुंगी अधिकारी को खबर दी। उतरते ही उसने मेरी कड़ी जाँच की। यह अधिकारी मुझसे बाल्नी बार्बी की भाषा में बोलता था। अधिक व्यापार के कारण इस शहर में यह भाषा मुख्यतः नाविकों और चुंगी अधिकारियों द्वारा प्रयोग में लायी जाती है। मैंने उसे कुछ विषयों के बारे में बतलाया और अपनी सामर्थ्य के अनुसार कहानी को अपने अनुकूल और सच बनाया। परंतु मैंने यह आवश्यक समझा कि अपने देश को छिपाकर अपने को हालैंड देश का निवासी बतलाऊँ क्योंकि मेरा विचार जापान जाने का था। मुझे यह मालूम था कि यूरोपियों में से केवल उच्च लोग वहाँ प्रवेश पाते थे। अतः मैंने अफसर को बतलाया कि बाल्नी बार्बी के समुद्री तट पर चट्टान से टकराकर जहाज के नष्ट हो जाने के कारण मैं लैपुता या उड़ते द्वीप (जिसके बारे में उसने अक्सर सुन रखा था) पर चला गया था। अब मैं जापान जाने का प्रयत्न कर रहा था जहाँ से मुझे स्वेदश लौट जाने का साधन प्राप्त हो सकता था। अफसर ने बतलाया कि मैं उसकी कैद में हूँ जब तक कि दरबार से उसके पास आज्ञा न आ जाए। इसके लिये वह तुरंत लिखेगा और आशा है कि पंद्रह दिन के अंदर उत्तर आ जाएगा। मुझे एक सुविधाजनक मकान में ले जाया जाएगा। मकान के दरवाजे पर एक संतरी बिठला दिया गया था। फिर भी मुझे एक बड़े उद्यान में घूमने की छूट थी। मेरे साथ मानवता का व्यवहार किया गया क्योंकि मेरी देख-भाल राजा की आज्ञा के अनुसार होती थी। बहुत से लोग उत्सुकतावश मुझे देखने आये क्योंकि उन्हें यह बतलाया गया था कि मैं बहुत दूर के देश से आया हूँ जिसके बारे में उन लोगों ने कभी नहीं सुना था।

मैंने मेरे साथ आए थे, एक जवान आदमी को, दुभाषिए के रूप में नौकर रख लिया। वह लग्नेग का एक निवासी था। परंतु कुछ वर्षों तक माल्डोनेडो में रहने के कारण दोनों भाषाओं का अच्छा ज्ञाता था। इसकी सहायता से मैं अपने दर्शकों से वार्त्तालाप करता था। परंतु इस वार्त्तालाप में केवल उनके प्रश्न और मेरे उत्तर ही होते थे।

दरबार से नियत समय में ही कागज आ गये। इन कागजों में मुझे और मेरे

सहायकों को ट्रेलड्रेगडब या ट्रिलड्रागड्रिन (जहाँ तक मुझे याद है इन दोनों नामों से इसे पुकारा जाता था) दस घोड़ों के दल के साथ लाने का वारंट था। मेरे सब सहायकों में केवल एक बेचारा वही दुभाषिया लड़का था जिसे मैंने अनुरोध करके अपनी नौकरी में रख लिया था। विनम्र प्रार्थना करने पर हम लोगों को चढ़ने के लिये एक-एक घोड़ा दिया गया। हम लोगों की यात्रा प्रारंभ होने से आधा दिन पहले राजा के पास मेरे पहुँचने की खबर संदेशवाहक द्वारा भेज दी गयी थी। इसके अतिरिक्त उसे राजा से यह भी आज्ञा लेनी थी कि मुझे किस दिन और किस समय महाराज के पैरों के सम्मुख स्टूल की धूल चाटने का सौभाग्य प्राप्त होगा। यहाँ पहुँचने के दो दिन बाद प्रविष्ट होने पर मुझे ओदश दिया गया कि मैं पेट के बल रेंगूँ और बढ़कर फर्श को चाटूँ। परंतु अनजान आदमी होने के कारण मेरे लिये इस बात की सावधानी रखी गयी थी कि धूल कष्टदायक न हो।* इसके अतिरिक्त यह विशेष अनुग्रह सब लोगों के लिये नहीं था। केवल उच्च पदाधिकारियों के प्रवेश करने पर ही इस प्रकार का आदर प्रदर्शित करना पड़ता था। इतना ही नहीं, कभी-कभी जब ऐसा आदमी प्रवेश करता था जिसके दरबार में शक्तिशाली शत्रु होते थे तो फर्श पर मतलब से मिट्टी छिड़क दी जाती थी। मैंने देखा कि एक लार्ड सिंहासन से उचित दूरी तक मुँह के बल पर रेंग कर आया तो वह इस योग्य न था कि एक शब्द भी बोल से। इसके अलावा और कोई चारा न था क्योंकि देखनेवालों के लिये यही मुख्य वस्तु होती थी कि महाराज के सामने ही थूकने या मुँह पोछने लगे।

वास्तव में यहाँ एक और रीति प्रचलित थी जिसका पालन मैं बिल्कुल नहीं कर सकता। जब महाराज को दयालु औरे आसान तरीके से किसी सामंत को मारना होता तो वह आज्ञा देता था कि फर्श पर विष मिला हुआ पाउडर छिड़क दिया जाये। इसके चाटने पर चौबीस घंटे के अंदर ही उसकी मृत्यु अवश्य हो जाती थी। परंतु न्यायमूर्ति राजा को प्रजा के जीवन की इतनी अधिक चिंता रहती थी कि उसके आदेशानुसार इस प्रकार के वध के पश्चात् फर्श के दूषित

---

* उस समय दरबारियों में चापलूसी करने की कितनी कष्टदायक प्रथा प्रचलित थी इसको देखकर ही स्विफ्ट जैसे स्वतन्त्र विचारवाले व्यक्तियों के मस्तिष्क में घृणा और असंतोष की भावनाएँ जागृति हुईं।

भाग को अच्छी तरह से साफ कर लिया जाये। उसकी यह भी इच्छा थी कि यूरोप के राजा भी उसका अनुकरण करें। यदि इसके सेवक इस बात में असावधानी करते थे तो उन्हें राजा के कोप का भाजन बनना पड़ता था। मैंने स्वयं सुना कि उसने एक नौकर को कोड़े लगाने की आज्ञा दी थी। इस नौकर का कर्त्तव्य था कि वह वध के पश्चात् फर्श धोने का कार्य करें, परंतु ईर्ष्या से उसने इस काम को छोड़ दिया था। इस असावधानी के कारण ही एक युवा लार्ड दुर्भाग्यवश मर गया था। राजा उस समय इसके जीवन को समाप्त नहीं करना चाहता था। दयालु राजा ने नौकर को माफ कर दिया और उस लड़के (नौकर) से यह वादा करा लिया कि बिना विशेष आज्ञा प्राप्त किये वह इस प्रकार के कार्य नहीं करेगा।

इस विषय से लौटकर फिर मैं अपनी बात पर आ गया। जब मैं सिंहासन के चार गज की दूरी पर आ गया तो मैं धीरे से घुटनों के बल खड़ा हुआ और अपने मस्तक को जमीन से सात बार लगाकर वे शब्द दुहराये जो मुझे रात को सिखलाये गये थे। इन आदरसूचक शब्दों को इस देश की प्राचीन प्रथा के अनुसार प्रत्येक व्यक्ति को राजा के सामने उपस्थित होने पर कहना पड़ता है। इन शब्दों का हिन्दी अनुवाद इस तरह किया जा सकता है। ''महाराजधिराज दीर्घायु हों और सूर्य तक साढ़े ग्यारह चंद्रमाओं को अपने जीवन से परास्त करें।''

इस पर राजा ने कुछ उत्तर दिया। मैं कुछ न समझ पाया परंतु जैसा मुझे बतलाया गया था, मैंने उत्तर दिया, जिसका अभिप्राय था, मेरी जिह्वा मेरे मित्र के मुँह में है। इस बात का यह मतलब था कि मैं अपने दुभाषिए को लाने की आज्ञा चाहता हूँ। इस पर इस जवान आदमी का, जिसका वर्णन मैं पहले कर चुका हूँ, परिचय कराया गया। इस व्यक्ति की सहायता मैंने महाराज द्वारा एक घंटे तक पूछे गये सभी प्रश्नों का उत्तर दिया। मैं बाल्नी बार्बी की भाषा में बोलता था। और मेरा दुभाषिया उसे लग्नैग की भाषा में बतलाता था।

राजा मेरी बातचीत से बहुत खुश हुआ और अपने ब्लिफभार क्लब या राजमहल के प्रधान कर्मचारी को आज्ञा दी कि मेरे और मेरे दुभाषिए को दरबार मे रहने के लिये प्रबंध करें। प्रतिदिन मेरे भोजन के भत्ते का प्रबंध किया गया और साधारण खर्च के लिये सोने का एक बड़ा सिक्का दिया जाता था। इस देश

में मैं तीन वर्ष तक रहा और महाराज की आज्ञाओं का पालन नियमित रूप से करता रहा। महाराज मुझसे बहुत प्रसन्न हुए और मूल्यवान् तोहफे भेंट किये। परंतु न्याय और बुद्धिमत्ता से विचार करने पर मैंने यह निश्चित किया कि अब शेष दिन अपनी पत्नी और परिवार के साथ ही बिताऊँगा।

10

लग्नैग के निवासी उदार और विनम्र हैं किंतु यह भी सत्य है कि इन वे बेहद घमंड हैं। पूर्वी देशों की विशेषता भी यही है। परंतु अजनबी आदमियों, खासकर दरबार के अतिथियों के प्रति ये लोग दयालुता और सभ्यता का व्यवहार करते हैं। आधुनिक समय के अच्छे फैशन वाले लोगों से भी मैं परिचत हूँ।

दुभाषिये के हमेशा साथ रहने के कारण हम लोगों की बातें अप्रिय न थीं। एक दिन अच्छे लोगों से बातचीत करते समय एक गुणवान् आदमी ने मुझसे पूछा कि क्या मैंने उनके स्ट्रल्डवर्गज या और लोगों को देखा है। मैंने कुछ कहा नहीं पर इच्छा प्रगट की कि वह मुझे बतलाए कि इस प्रकार के पदवीसूचक नाम मनुष्यों के क्यों रखे जाते हैं। उसने बतलाया कि कभी-कभी किसी खानदान में ऐसे बच्चे का जन्म होता है जिसकी बायीं भौं के ठीक ऊपर मस्तक में गोल लाल धब्बा बना होता है। इसका मतलब होता है कि यह कभी नहीं मरेगा। उसने बतलाया वह धब्बा चाँदी के तीन पेंस के बराबर होता है। परंतु कुछ समय बाद वह बढ़ जाता है और रंग भी बदल जाता है। बारह वर्ष की आयु में वह हरा हो जाता है। पच्चीस वर्ष तक वह उसी तरह बना रहता है और उसके बाद गहरा नीला हो जाता है। 45 वर्ष की आयु में यह अंग्रेजी शिलिंग के बराबर और कोयले की तरह हो जाता है; परंतु इसके बाद उसमें कोई परिवर्तन नहीं होता है। उसने कहा कि इस प्रकार के बच्चे यहाँ बहुत कम होते हैं। पूरे साम्राज्य में इस प्रकार के बच्चों और बच्चियों की संख्या ग्यारह सौ से अधिक होगी। गणना करके उसने बतलाया कि राजधानी मे ऐसे अमर बच्चे सौ करीब होंगे और एक लड़की तो करीब तीन साल पहले ही पैदा हुई थी। इस प्रकार के बच्चे किसी विशेष परिवार की ही उपज नहीं है, केवल अवसर की बात है। इन स्ट्रल्डवर्गज

की संतानें अन्य मनुष्यों की ही भाँति होती थीं।

इस विवरण को सुनकर मुझे असीम आनंद मिला। जिस आदमी ने मुझसे यह बात बतायी थी वह वाल्नी बार्बी की भाषा जानता था जिसे मैं अच्छी तरह से बोल लेता था। मैं अपने को अब और अधिक रोक न सका और जोश में चिल्ला उठा, "धन्य है ऐसे देश को जहाँ प्रत्येक बच्चे को अमर होने का अवसर तो मिलता है।" यहाँ के लोग भाग्यशाली हैं जो प्राचीन गुणों से लाभ उठाते हैं। प्राचीन युग के विद्वान् लोग उनके मार्ग-प्रदर्शन के लिये तैयार रहते हैं। वास्तव में ये महान् स्ट्रल्डवर्गज अत्यंत सुखी हैं। जो जीवन-मरण के बंधन में पूर्णतया मुक्त हैं। इन लोगों के मस्तिष्क मृत्यु के सतत् भय और कष्टों से सर्वथा पृथक् रहते हैं। मैंने विचार किया कि अभी तक इस प्रकार का कोई भी आदरणीय मनुष्य दरबार में मुझे दिखाई नहीं पड़ा। मस्तक पर इतने बड़े काले धब्बेवाले मनुष्य को देखने में मैं कैसे भूल कर सकता हूँ। साथ ही यह भी असम्भव-सा प्रतीत हुआ कि कितना योग्य और न्यायी राजा इस प्रकार के इतने बुद्धिमान् परामर्शदाताओं से अपने को केसे वंचित रखेगा। संभवतः भ्रष्ट और कामुक दरबारियों के लिये उन महान् आदरणीय साधुओं की शिक्षाएँ ग्रहण करना असंभव होता होगा। अनुभव से हमें यह मालूम हुआ कि अक्सर जवान लोग अपनी बात के पक्के हैं और अपने से अधिक अनुभवी और बड़े लोगों की उचित सलाह पर ध्यान नहीं देते। फिर भी मैंने यह निश्चित कर लिया कि इसके बारे में मैं अपने स्वतंत्र और स्पष्ट विचारों को राजा के सम्मुख दुभाषिए के द्वारा प्रस्तत करूँगा। राजा मेरे विचारों को प्रसन्नता से सुनता और उस पर विचार भी करता था चाहे वह मेरे परामर्श को मानते या न माने। परंतु एक बात मैंने निश्चित कर ली थी राजा के कई प्रस्तावों को धन्यवाद सहित स्वीकार करके मैं इस देश में बस जाऊँगा। यदि स्ट्रल्डवर्गज मुझे वार्त्तालाप करने को राजी हो जाएँगे तो मैं सहर्ष अपना जीवन यहीं व्यतीत कर दूँगा।

जिस सज्जन के साथ मैं बातचीत कर रहा था वह वाल्नी बार्बी भाषा बोल रहा था। मेरी बातें सुनकर वह ऐसा हँसा जैसे एक अज्ञानी व्यक्ति पर उसे दया आ गयी हो। उसने सहर्ष स्वीकार किया कि यदि ऐसा कोई अवसर आयेगा तो वह मुझे अपने साथ रखेगा। उसने मुझसे अनुमति माँगी कि मैंने जो कुछ उससे कहा है उसे वह उन लोगों के सम्मुख प्रस्तुत कर दे। उस व्यक्ति ने ऐसा ही

किया। अपनी भाषा में वह सब बड़ी देर तक बातचीत करते रहे परंतु उनकी बातचीत का एक शब्द भी मेरी समझ में न आया। उनके चेहरे के हाव-भाव से मुझे यह भी पता न चल सका कि मेरे वार्त्तालाप का उन लोगों पर क्या प्रभाव पड़ा। थोड़ी देर शांत रहने के बाद उस व्यक्ति ने मुझे बतलाया कि उसके मित्रों को अमर जीवन के बारे में मेरे तर्क-युक्त विचारों को सुनकर अत्यंत आनंद हुआ किंतु वे जानना चाहते हैं कि यदि मैं सौभाग्यवश स्ट्रल्डवर्गज होता तो अपने जीवन को किस प्रकार व्यतीत करता।

मैंने उत्तर दिया कि इस आनन्ददायक विषय के बारे में अपने विचारों को

प्रकट करना अत्यंत सरल है। फिर मेरे जैसे व्यक्ति के लिये यह बात अत्यंत ही मनोरंजक थी क्योंकि मैं सदैव ही यह सोचा करता हूँ कि यदि मैं राजा, सेनापति या लार्ड होता तो किस प्रकार का जीवन व्यतीत करता और कौन-कौन से कार्य करता। इस विषय में मैं तो शीघ्र ही सारी बातें बता देता, यदि मुझे यह विश्वास हो जाता कि मैं सदैव जीवित रहूँगा।

यदि सौभाग्य से मैं स्ट्रल्डवर्गज पैदा हुआ होता और मुझे जीवन तथा मूल्य का अंतर स्पष्ट हो जाता तो सर्वप्रथम मैं हरेक तरीके उपाय से धन एकत्र करता। इस काम को बड़ी कुशलता और सत्यता से करके करीब 200 वर्ष में ही मैं राजधानी का सबसे अधिक धनवान् व्यक्ति बन जाता। इसके बाद मैं बचपन से ही कलाओं और विज्ञानों का अध्ययन आरंभ करके कुछ ही समय में सब लोगों को योग्यता में पछाड़ देता। इस प्रकार अत्यंत सावधानी के साथ प्रत्येक घटना और कार्य का विवरण अपने पास रखता। निष्पक्ष रूप से मैं अपने सर्वांगीण अनुभवों के द्वारा राजा तथा मंत्रियों और उनके उत्तराधिकारियों को परामर्श देता। इसके अतिरिक्त में रीति रवाजों, भाषाओं, कपड़े के फैशनों, भोजन और मनोरंजन के साधनों में ही बुद्धि और ज्ञान का कोश हो जाता और देश का भविष्यवेत्ता बन जाता।

साठ वर्ष के बाद मैं शादी नहीं करता, अतिथि के रूप में रहता जिससे पर्याप्त बचत होती। मैं आशावान जवान लोगों को अपने अनुभव, परीक्षण और स्मृति के द्वारा सलाह देता। उनको सुधारने तथा उनके मस्तिष्क को सुसंस्कृत करने में भी सहयोग देता। उन्हें व्यक्तिगत और सार्वजनिक जीवन की विशेषताओं और गुणों को बतलाता। परंतु मित्र बनाने में मैं अमर पुरुषों को ही प्राथमिकता देता। प्राचीन समय से लेकर आधुनिक समय तक के अमर पुरुषों में से बारह चुन लेता। यदि इन लोगों में किसी को रहने की कमी होती तो मैं अपनी जागीर में रहने की सुविधाजनक जगह देता। और उनमें से कुछ को तो मैं अपनी मेज पर बुलाता और उन्हें तुम जैसे नाशवान मनुष्यों से भी मिलाता। इस प्रकार समय मुझे तुम लोगों से बिछड़ने का आदि बना देता। आगे आनेवाली तुम्हारी संतानों के साथ उसी प्रकार का व्यवहार करता है और गत वर्ष के सूखे और मुरझाए फूलों के लिये पश्चात्ताप भी नहीं करता।

समय के साथ इन स्ट्रल्डवर्गज के साथ मैं अपने परीक्षणों और स्मृतियों के

बारे में पारस्परिक वार्त्तालाप करता और इस बात पर भी विचार करता कि संसार में धीरे-धीरे कितना भ्रष्टाचार फैल चुका है। कदम-कदम पर मैं उसका विरोध करता और मानवों को सदा चेतावनी तथा निर्देश देता। अपना उदाहरण देकर उनको सचेत करता और संभवतः मनुष्यों के पतित स्वभाव को रोकने में समर्थ हो जाता जिसकी आजकल लोग अधिकतर शिकायतें करते हैं।

इन सब बातों के अतिरिक्त मुझे साम्राज्य के विद्रोहों, आकाश और पाताल के परिवर्तनों और प्राचीन नगरों को खँडहर के रूप में और साधारण गाँवों को राजधानी बने देखने में अत्यंत आनंद का अनुभव होता। प्रसिद्ध नदियों को, छिछले तालाबों को, एक किनारे को सुखाते और दूसरे को पानी से बहाते बदलते समुद्र को, अनजान देशों को प्रकाश में आते, नम्र देशों के अत्यंत कठोर और अत्यंत असभ्य को सभ्य बनते देखने में भी अपूर्व आनंद होता है। उस समय मैं रेखांश की खोज, सतत संसार की औषधि और दूसरे महान् आविष्कारों को देखता।

ज्योतिषशास्त्र के अंतर्गत हम अपनी भविष्यवाणियों को सत्य होते देखकर न मालूम कितनी आश्चर्यजनक वस्तुओं की खोज करते, ग्रहों की प्रगति और उनके लौटने, सूर्य, चंद्रमा और नक्षत्रों के परिवर्तन को देखकर मेरे अनुभव में वृद्धि होती और मैं उससे संसार के लोगों का हित करता।

मैंने अन्य दूसरे विषयों के बारे में अमर जीवन और नीचे रहने की प्रसन्नता से उत्पन्न होते विचार प्रगट किये। जब मैं अपनी बातचीत समाप्त कर चुका और मेरी भाषा के सारांश को उनकी भाषा में पहले की तरह बतला दिया गया तो बड़ी देर तक वे लोग अपनी भाषा में बातचीत करते रहे। वे लोग जरा भी न हँसे। अंत में उस सज्जन व्यक्ति ने जो मेरा दुभाषिया रह चुका था मुझसे कहा कि शेष लोगों ने उसे मेरी कुछ गल्तियों को दूर करने को कहा है। यह गल्तियाँ मनुष्य जाति की दुर्बलताओं के कारण हुई हैं और इसीलिये वे उत्तर देने के योग्य नहीं है। स्ट्रल्डवर्ग लोगों की यह जाति केवल इसी देश की उपज है। क्योंकि इस प्रकार के वे लोग न तो बल्ली बार्बी में और न जापान में ही पाये जाते हैं जहाँ उसे राजदूत होने का सौभाग्य प्राप्त हो जाये। इन दोनों राज्यों के निवासियों को विश्वास होना बड़ा मुश्किल था। मेरे आश्चर्य को देखकर उसे ऐसा मालूम हुआ कि मुझे यह बात पहले पहल मालूम हुई है और मैंने उसे एकदम नयी चीज समझा है; और मुश्किल से विश्वास किया है। ऊपर बतलाए

हुए दो राज्यों में रहने के समय उसने वहाँ के लोगों से काफी बातचीत करके यह निष्कर्ष निकाला कि अधिक दिन जीने की अभिलाषा सभी में है। जिस आदमी का एक पैर कब्र में लटका होता है, वह निश्चय ही अपने दूसरे पैर को शक्ति भर पीछे की ओर घसीटता है। वृद्ध-से-वृद्ध आदमी भी एक दिन और जीने की अभिलाषा रखता है और मृत्यु को सबसे खराब समझता है। इससे दूर रहने के लिये उसकी प्रकृति उसे उत्साहित करती है। केवल लग्नेग द्वीप की अभिलाषा इन अमर पुरुषों को देखकर भी अधिक दिन जीवित रहने को न थी।

मेरे द्वारा बतलाई हुई जीवन पद्धति अनुचित और तर्करहित थी क्योंकि इसके द्वारा मैंने सदैव विद्यमान रहनेवाली युवावस्था, शक्ति और स्वास्थ्य की कल्पना की थी, जिसे कोई भी मनुष्य, चाहे वह कितना ही कल्पनाशील क्यों न हो, ऐसा सोचने की मूर्खता न करेगा। अतः प्रश्न यह न था कि एक मनुष्य स्वास्थ्य और समृद्धि के साथ सदैव ही युवा बने रहना पसंद करेगा अथवा नहीं। उसे तो यह निश्चित करना था कि वृद्धावस्था की असुविधाओं के साथ किस तरह उसे अमर जीवन व्यतीत करना है। शायद कुछ ही लोग ऐसे होंगे जो इन कठोर नियमों के साथ अमर बनने की अभिलाषा करेंगे। परंतु ऊपर वर्णित दो राज्यों बाल्नी बार्बी और जापान में उसने देखा कि प्रत्येक मनुष्य की यही इच्छा है कि मृत्यु कुछ दिनों तक और ठहर जाये; या वह बहुत देर से आये। उसे कोई भी ऐसा आदमी न दिखाई पड़ा कि जिसने मृत्यु की कामना की हो। केवल दुखी और पीड़ितों को छोड़कर कोई भी व्यक्ति मृत्यु की कामना नहीं करता। उसने मुझसे पूछा कि जिन देशों का मैंने भ्रमण किया है अथवा मेरे अपने देश मे भी क्या इस प्रकार की ही आम धाखा नहीं है?

इस भूमिका के बाद उसने अपने यहाँ के अमर मनुष्यों स्ट्रल्डवर्गज के बारे में बतलाया। उसने कहा कि तीस वर्ष की अवस्था तक ये लोग साधारण मनुष्य की भाँति रहते हैं। इसके बाद धीरे-धीरे ये लोग दुखी और निराश होने लगते हैं और 80 वर्ष की अवस्था में इन लोगों की निराशा और दुख बढ़ जाता है। इस बात का ज्ञान उसे इन लोगों की बातचीत से ही हुआ। इस समय में ऐसी जाति के दो या तीन ही लोग होते हैं। अतः कम होने के कारण अपने बारे में ये लोग कोई भी मत निश्चित नहीं कर पाते। जब इन लोगों की अवस्था 80 वर्ष की हो जाती है (जो कि इस देश में जीवित रहने की अधिकतम अवधि है) तो दूसरे वृद्ध

आदमियों के दोषों और निर्बलताओं को देखकर कष्टों का भय सदैव लगा रहता है। ये लोग केवल चिड़चिड़े, झूठे, बातूनी ही नहीं होते बल्कि इन लोगों में मित्रता बढ़ाने की मात्रा तनिक भी नहीं होती। प्रकृति प्रेम के प्रति ये सदैव उदासीन रहते हैं। बौनों के बाद की संतानों से इन्हें जरा भी प्रेम नहीं रहता। ईर्ष्या-द्वेष और निर्बल इच्छाएँ ही इन लोगों की मुख्य अभिलाषाएँ हैं। इन लोगों का द्वेष मुख्यता छोटे लोगों की बुराइयों और वृद्धों की मृत्यु पर ही केंद्रित रहता है। छोटे लोगों की बुराइयों के बारे में सोचकर ये लोग अपने को सब आनंदों से वंचित पाते हैं और जब कभी ये लोग किसी को मरते देखते हैं तो बात का पश्चात्ताप करते हैं कि जब दूसरे लोग शांति की ओर जा रहे हों, उन्हें वहाँ पहुँचने की कोई भी आशा नहीं है। उन्हें किसी भी बात की याद नहीं है। केवल जवानी और अधेड़ उम्र में सीखी हुई कुछ बातें थोड़ी-थोड़ी याद हैं। किसी भी तथ्य की सत्यता का विवरण जानने के लिये इन लोगों की स्मृति पर विश्वास करने की अपेक्षा साधारण प्रचलित रिवाज अधिक विश्वास करने योग्य हैं। इन लोगों में उस अमर आदमी की दशा अत्यंत सोचनीय मालूम होती है जिसकी मति क्षीण हो जाती है। ये लोग अधिक दया और सहायता के पात्र होते हैं क्योंकि इन लोगों में दोष नहीं होते जो दूसरे लोगों में अधिक रहते हैं।

यदि कोई स्ट्रल्डवर्ग अपनी जाति में ही विवाह कर लेता और उनसे आरूसी बच्चे पैदा हो जाते थे तो राजाज्ञा के अनुसार उनका विवाह-विच्छेद करा दिया जाता था। क्योंकि इस देश के नियम अनुसार इन अमर लोगों को इतना अनुग्रह प्राप्त है कि स्त्री के भार से ये लोग अपने दुखों और कष्टों को न बढ़ाएँ क्योंकि संसार में सदैव जीवित रहने में उन बेचारों का कोई दोष न था।

जैसे ही ये लोग 80 वर्ष के हो जाते हैं, कानूनन इनको मृत समझा जाने लगता है। इनकी संपत्ति को इनके उत्तराधिकारी हस्तगत कर लेते हैं। इनके भरण-पोषण के लिये थोड़ा सा धन निश्चित कर दिया जाता है। गरीब स्ट्रल्ड वर्ग के लोगों का भरण-पोषण जनता के खर्च से होता है। इस अवस्था के बाद ये लोग किसी भी लाभप्रद काम या विश्वासपूर्ण स्थान के लिये अयोग्य समझे जाते हैं। ये लोग न तो भूमि खरीद सकते हैं और न पट्टा ही लिखा सकते हैं। दीवानी या फौजदारी के लिये मुकदमे में भी ये लोग गवाही नहीं दे सकते हैं।

नब्बे वर्ष की अवस्था में इन लोगों के दाँत और बाल गिर जाते हैं। इस अवस्था में इन लोगों के लिये आयु का कोई प्रश्न नहीं रह जाता। जो कुछ भी इन्हें खाने-पीने को मिल जाता है उसे ही ये लोग बिना स्वाद और भूख के खाते हैं। सभी पुराने रोग इसी अवस्था में इन लोगों को सताने लगते हैं। बातचीत करते समय ये लोग साधारण चीजें तथा मनुष्यों के नाम भूल जाते हैं। यहाँ तक कि निकट संबंधियों तथा मित्रों तक के नाम भी इन लोगों को याद नहीं रहते हैं। इस कारण ये लोग पढ़कर भी अपना मनोरंजन नहीं कर सकते क्योंकि इनकी स्मृति ऐसी नहीं रहती कि वे किसी वाक्य को शुरू से लेकर अंत तक याद रख सकें। अतः ये लोग अपने उस मनोरंजन से वंचित रह जाते हैं, जिसका आनंद ये लोग सरलता के साथ उठा सकते।

इस देश की भाषा हमेशा परिवर्तित होती रहती है। इसलिये एक स्ट्रल्ड वर्ग दूसरे समय के स्ट्रल्डवर्ग की भाषा को समझ नहीं सकता है। दो सौ वर्ष बाद तो ये लोग इस योग्य भी नहीं रहते कि कुछ साधारण शब्दों के अतिरिक्त ये अपने पड़ोसी अथवा अन्य साधारण आदमियों से बात कर सकें। और इस तरह अपने ही देश में लोग विदेशियों की सी कठिनाइयों का अनुभव करने लगते हैं।

जहाँ तक मुझे याद है स्ट्रल्डवर्गज के बारे में मुझसे यही बातें बतलायी गयी थीं। इसके बाद मैंने विभिन्न समय के पाँच छः स्ट्रल्डवर्गज को देखा। इनमें से सबसे छोटा करीब दो सौ वर्ष का था। मेरे मित्र इन लोगों को कई बार मेरे पास लाये थे। उनको यह बतला दिया गया था कि मैं एक बहुत महान यात्री हूँ और सारी दुनिया को देख चुका हूँ लेकिन उनमें इतनी भी उत्सुकता न हुई कि वे मुझसे एक भी प्रश्न पूछते। केवल उन्होंने यही इच्छा प्रगट की कि मैं उन्हें यादगार के तौर पर स्लंसकुदस्क या कोई अन्य वस्तु और दूँ। वस्तुतः यह माँगने का ही एक तरीका है जिसे नियमानुसार उसे राज्य की ओर से बंद कर दिया गया है क्योंकि प्रजा के द्वारा ही इनका भरण-पोषण होता है। फिर भी यह सही है कि इन्हें बहुत कम भत्ता मिलता है।

लोग इनसे घृणा करते हैं। जब किसी का जन्म होता है तो उसे अत्यंत अशुभ माना जाता है और उनकी जन्मतिथि को विशेषतया लिख लिया जाता है। इस तरह रजिस्टर को देखकर इनकी आयु के बारे में पता लगाया जा सकता है।

यह रजिस्टर करीब एक हजार वर्ष तक रखा जाता है। परंतु इन लोगों की आयु का पता लगाने का बहुत साधारण तरीका है। इन लोगों से पूछा जाता है कि किस राजा या बड़े आदमी की उन्हें याद है। इसके बाद इतिहास से सहायता ली जाती है। अनुमानतः इनकी याद के अंतिम राजा का राज्य उस समय से प्रारंभ हुआ होगा जबकि वह कम-से-कम अस्सी वर्ष का अवश्य रहा होगा।

इन लोगों की सी दशा के लोग मैंने पहले कभी भी नहीं देखे थे। औरतें मनुष्यों की अपेक्षा अधिक भयानक थीं। वृद्धावस्था की दुर्बलताओं और कष्टों के अतिरिक्त इन लोगों में आयु की अधिकता के साथ ऐसी भयंकरता आती-जाती

थी जो बतलाने के योग्य नहीं है। करीब आधे दर्जन स्ट्रल्डवर्गज में मैंने यह पता लगा लिया कि इनमें कौन सबसे बड़ा है। यद्यपि उनमें सौ या दो सौ वर्षों से अधिक आयुवाला कोई न था।

पाठक सरलता से यह विश्वास कर लेंगे कि जो कुछ मैंने देखा और सुना उससे अमर बनने की मेरी अभिलाषा प्रायः समाप्त हो गयी थी। जो जीवन-पद्धति मैंने अपने आनन्ददायक अमर जीवन के विषय में कल्पित की थीं उसे सोचकर अब मुझे अत्यंत लज्जा आने लगी तभी मैंने विचार किया कि किसी भी निर्दयी की बनायी हुई उस मृत्यु का मैं ऐसे अमर जीवन का अंत करने के लिये अवश्य स्वागत करता। इस अवसर पर जो भी वार्त्तालाप मुझसे और मेरे मित्रों के बीच हुआ उसे राजा ने सुना और उसमें काफी दिलचस्पी ली। उसने यह इच्छा प्रगट की कि मैं अपने देशवासियों को मृत्यु के भय से बचाने के लिये स्ट्रल्डवर्गज के एक जोड़े को वहाँ भेज सकता था। परंतु मुझे मालूम हुआ कि यहाँ से मूलाधिकारों के अनुसार ऐसा नहीं किया जा सकता। नहीं तो मैं इन्हें अपने देश भेजने का कष्ट और खर्च अवश्य न बरदाश्त करता।

मुझे विश्वास नहीं होता कि स्ट्रल्डवर्गज संबंधी इस देश के नियम अच्छे और तर्कपूर्ण सिद्धांतों पर आधारित हैं। क्या कोई भी देश इन दशाओं में इस योग्य होगा कि उसे इस तरह के नियम बनाने की आवश्यकता पड़े ? नहीं तो वृद्धावस्था के साथ लालसा बढ़ते रहने के कारण ये लोग तो सारे देश के मालिक बन गये होते और सारी सामाजिक शक्ति को अपने अधिकार में कर लिया होता और प्रबंध करने की अयोग्यता के कारण ही इन लोगों द्वारा प्रजा का नाश अवश्य होता।*

11

मेरे विचार से इन स्ट्रल्डवर्गज के वर्णन से पाठकों का कुछ मनोरंजन अवश्य हुआ होगा क्योंकि वास्तव में इस तरह का वर्णन असाधारण ही है। जहाँ तक

* स्विफ्ट ने कभी भी जीवन से प्रेम नहीं किया। व्यक्तिगत रूप से इसके लिये इस संसार में अमर जीवन की कल्पना अत्यंत भयानक और कष्टदायक थी। इन शोचनीय अमर मनुष्यों की भयानक

स्थिति का वर्णन करके वह पाठकों की सहानुभूति प्राप्त कर उन्हें भी अपनी भाँति अति वृद्धावस्था का दुख और कष्टों को घृणा की दृष्टि से देखने के लिये उत्साहित करना चाहता है।

मेरा विचार है, मुझे इस तरह का वर्णन किसी भी यात्रा-पुस्तक में नहीं मिला। यदि मुझे धोखा हुआ होता यात्रियों के लिये आवश्यक था कि वह जिन देशों की यात्रा करते उनका वर्णन अक्सर पहले से निर्धारित विषयों में अवश्य करते। वे इस बात का ध्यान रखते कि पहले की यात्रा पुस्तकों में इस तरह के विषयों का समावेश हुआ है अथवा नहीं।

वस्तुतः इस राज्य तथा जापान के साम्राज्य के बीच व्यापारिक संबंध स्थापित है। अतः संभव है कि जापानी लोगों ने स्ट्रल्डवर्गज के बारे में कुछ वर्णन दिया हो परंतु जापान में मुझे बहुत कम समय तक रुकने का अवसर मिला। यहाँ की भाषा से पूर्णरूपेण अनभिज्ञ होने के कारण मैं इस योग्य नहीं था कि कुछ भी पता लगा सकता। परंतु मुझे आशा है कि डच लोगों को इसके बारे में अवश्य कुछ मालूम होगा जो मेरी उत्सुकता तथा उत्कंठा के दोषों को दूर करेंगे।

यहाँ के राजा ने कई बार मुझसे अपने दरबार में नौकरी करने के लिए आग्रह किया परंतु जब उन्होंने देखा कि मैंने से स्वदेश लौट जाने का पूर्ण रूप निश्चय कर लिया है तो उन्होंने मुझे अनुमति प्रदान कर दी और एक सिफारिशी पत्र भी जापान के सम्राट् के नाम लिख दिया। उसने मुझे चार सौ चालीस सोने के सिक्के भेंट किये (इस देश में बराबर की संख्या का अत्यंत आदर होता है) इसके अतिरिक्त राजा ने मुझे एक लाल हीरा भी दिया जिसे इंग्लैंड में मैंने ग्यारह सौ पोंड में बेचा था।

छः मई, 1708 ई. को मैंने महाराज तथा अपने सभी मित्रों से विदा ली। यह राजा इतना उदार था कि उसने मुझे ग्लेंगुएंसआल्ड के बंदरगाह तक पहुँचाने का काम एक रक्षक के सुपुर्द कर दिया था। यह बंदरगाह इसी द्वीप के दक्षिणी-पश्चिमी भाग में स्थित है। छः दिनों में मुझे एक ऐसा जहाज मिल गया जो मुझे जापान ले जाने को तैयार हो गया। इस यात्रा में पंद्रह दिन लग गये। हम लोग जापान के दक्षिण-पूर्वी भाग में सिथत एक्समोचशची नामक एक छोटे नगर के बंदरगाह पर उतरे। उसके पश्चिम की ओर नगर बसा हुआ था और एक तंग खाड़ी उत्तर की तरफ से समुद्र में चली गयी थी। इसी के उत्तरी-पश्चिमी

किनारे पर येड़ों नामक राजधानी थी। उतरने पर मैंने चुंगीवालों को लग्नेग के राजा का यह पत्र दिखलाया जो वहाँ के सम्राट् के नाम लिखा हुआ था।

वे लग्नेग की मोहर से भली-भाँति परिचित थे। वह मेरी हथेली के बराबर चौड़ी थी। उस पर था राजा द्वारा लँगड़े भिखारी को जमीन से उठाने का चित्र खुदा हुआ था। नगर के मजिस्ट्रेटों ने जब इस पत्र के बारे में सुना तो उन्होंने मेरा स्वागत एक सार्वजनिक मंत्री की भाँति किया। उन्होंने मुझे गाड़ियाँ तथा सेवक दिये और मुझे येड़ों ले गये जहाँ कि मेरा परिचय तथा प्रवेश श्रोता लोगों के मध्य कराया गया। मैंने अपना पत्र दे दिया जिसे अत्यंत उल्लासपूर्ण वातावरण में खोला गया और एक दुभाषिये के द्वारा उसे सम्राट् के सम्मुख प्रस्तुत किया गया। उसने मुझे सम्राट् की आज्ञा के अनुसार एक सूचना दी कि मैं अपनी प्रार्थना उसके सम्मुख रखूँ। वह प्रार्थना चाहे जो भी हो स्वीकार की जाएगी क्योंकि वह सम्राट् के ऐसे भाई का पत्र है जो लग्नेग का शासक है।

वह दुभाषिया हालैंडवालों के कार्य संपादित करने के लिये रखा गया था। उसने मेरे चेहरे को देखकर जल्दी ही भाँप लिया कि मैं एक यूरोपियन हूँ। इसीलिये उच्च भाषा में जिस पर उसका अच्छा अधिकार था, उसने धीमे स्वर में सम्राट् की आज्ञा को दुहराया। मैंने उत्तर दिया (जैसा कि मैंने पहले ही निश्चित कर लिया था) कि मैं एक डच व्यापारी था। मेरा जहाज एक दूर देश में नष्ट हो गया और मैं समुद्र तथा स्थल की यात्रा करके लग्नेग की भूमि तक आया और उसके बाद जहाज के द्वारा जापान आ पहुँचा। मैं जानता था कि मेरे देशवासी अक्सर यहाँ व्यापार करने आते हैं। मुझे आशा है कि इन लोगों के साथ ही मुझे यूरोप लौट जाने का अवसर प्राप्त हो जाएगा। अतः अत्यंत नम्रता के साथ मैंने महाराज से प्रार्थना की कि मुझे सुरक्षित रूप से नेन्गोसेक तक भेज दिया जाये। इसके साथ ही मैंने यह भी प्रार्थना की कि लग्नेग के राजा की कृपा में होने के कारण सम्राट् इतनी दया और करें कि मुझे अपने देशवासियों के इस समारोह में भाग लेने से क्षमा करें। क्योंकि इसके अनुसार मुझे क्रॉस को कुचलना पड़ेगा। और क्योंकि दुर्भाग्यवश मैं उसके राज्य में आ गया हूँ पर मेरा विचार व्यापार करने का बिल्कुल न था।

जब इस प्रार्थना पत्र का आशय सम्राट को दुभाशिये के द्वारा बतलाया गया तो उसे कुछ आश्चर्य हुआ। उसने कहा कि अपने देशवासियों में उसे मैं ही एक

ऐसा आदमी मिला जिसने इस विषय पर संदेह प्रगट किया। उसे यह शंका होने लगी कि क्या वास्तव में मैं हालैंड का निवासी था ? साथ ही उसे संदेह होने लगा कि मैं ईसाई हूँ। फिर भी मैंने अनेक तर्क उपस्थित किये। अंततः असाधारण अनुग्रह के द्वारा लग्नेग के राजा को संतुष्ट करने के लिये उसने मेरी सहायता करने का अनुरोध स्वीकार कर लिया। उसने आदेश दिया कि इसका प्रबंध अत्यंत चतुरता के साथ किया जाना चाहिए। उसके अधिकारियों को यह आज्ञा दे दी जाये कि भूल से उन्होंने मुझे निकल जाने दिया। उसने मुझे विश्वास दिलाया कि यदि कहीं उसके देशवासी डच लोगों को इस बात का पता लग जाएगा तो वे लोग यात्रा में ही मेरा गला काट देंगे। मैंने दुभाषिए के द्वारा सम्राट् को इस महान् सहायता और अनुग्रह के लिये अनेक धन्यवाद दिया। उस समय तक कुछ फौज नावोसेक जा रही थी। अतः फौज के अधिकारी को मुझे वहाँ सुरक्षित रूप से पहुँचा देने की आज्ञा मिली। क्रॉस को पैरों से कुचलने वाले समारोह के बारे में भी उसे विशेष रूप से समझा दिया गया था।

9 जून, 1709 ई. को मैं अत्यंत लंबी व कष्टप्रद यात्रा के बाद नावोसेक पहुँच गया। मैंने जल्दी ही कुछ डच नाविकों से मित्रता कर ली। ये एमस्टर्डम के ऐंब्वायाना नामक 450 टन के मजबूत जहाज में नौकर थे। अपने अध्ययन के संबंध में मैं काफी लंबे समय तक हॉलैंड में रहा था और डच भाषा अच्छी तरह बोल लेता था। समुद्र के मनुष्य जल्दी ही यह जान गये कि मैं कहाँ से आ रहा हूँ। वे लोग मेरी जीवनधारा और यात्राओं के बारे में जानने के उत्सुक थे। मैंने अपनी क्षमता और बुद्धि के अनुसार एक छोटी और संभावित कहानी बना ली परंतु अपनी यात्रा का बड़ा भाग मैंने छिपा लिया। मैं हॉलैंड के कई लोगों को जानता था। अतः अपने अभिभावकों का नाम बतलाने में मुझे कोई कठिनाई न हो हुई। इन लोगों को मैंने गुएल्डरलैंड प्रांत के निवासी बतलाने का बहाना किया। मैं जहाज के क़प्तान (थिओडोक्स वैनग्रुल्ड) को हॉलैंड तक की यात्रा के लिये उसकी इच्छानुसार धन दे सकता था। परंतु जब उसे मालूम हुआ कि मैं एक डॉक्टर हूँ तो उसने खुशी के साथ साधारण किराये का आधा ही मुझसे माँगा और शर्त यह रखी कि यात्रा में बुलाये तो उसे मेरी सेवा करनी पड़ेगी। जहाज में चढ़ने के पूर्व उसके कुछ कर्मचारियों ने मुझसे पूछा कि क्या मैं उपर्युक्त समारोह संपादित कर चुका हूँ। मैं इस प्रश्न को साधारण उत्तरों के द्वारा टालता

रहा कि मैंने सब बातों को सम्राट् तथा दरबार को संतुष्ट कर दिया है। फिर भी एक देशी व्यापारी जहाज के अधिकारी के पास गया और मेरी ओर संकेत करके बतलाया कि मैंने अब तक क्रॉस को कुचलने के समारोह में भाग नहीं लिया है। परंतु उस अफसर को मुझे निकल जाने देने के ऊपर से आदेश मिल चुके थे। अतः उसने उस बदमाश व्यापारी के बीस बांस मारे। इसके बाद मुझे इस प्रकार के प्रश्नों से फिर परेशान न किया गया।

इस यात्रा में बतलाने योग्य कोई अन्य घटना न घटित हुई। एक अच्छी हवा के द्वारा हम लोग केप ऑफ गुडहोप पहुँच गये। यहाँ हम लोग केवल शुद्ध पानी लेने के लिये रुके थे। 10 अप्रैल, 1710 ई. को हम लोग सुरक्षित एमस्टर्डम पहुँच गये। यात्रा में तीन व्यक्ति बीमारी से मर गये। दूसरा आदमी गाईन के समुद्री तट से कुछ ही दूर जहाज के अगले मस्तूल से समुद्र में गिर पड़ा था। एमस्टर्डम से मैं बहुत जल्दी वहाँ के ही एक छोटे से जहाज से इंग्लैंड के लिये रवाना हो गया था।

16 अप्रैल को हम लोग डाउंस पहुँचे। दूसरे दिन प्रातःकाल ही पूरे 5 वर्ष 6 महीने के बाद मैंने एक बार फिर अपनी मातृभूमि के दर्शन किये। मैं सीधे रेड्रिफ गया। वहाँ दो बजे दिन में ही पहुँच गया और अपनी स्त्री तथा कुटुम्बवालों को स्वस्थ पाया।

होइहन्ह्न्मस देश की समुद्री यात्रा

1

मैं अपनी पत्नी और बच्चों के साथ करीब पाँच महीने तक बड़े आनंद से रहा लेकिन कितना आनंद होता यदि मैंने यह सीख लिया होता कि किस तरह अच्छी प्रकार आनंद से रहा जाता है। मैंने एक बार फिर अपनी बेचारी पत्नी को छोड़कर 350 टन के शक्तिशाली जहाज एडवेंचर के कप्तान बनने का लाभदायक प्रस्ताव स्वीकार कर लिया। मैं नाविक विद्या भली प्रकार जानता था। डॉक्टरी की नौकरी करते-करते मेरा जी ऊब चुका था फिर भी अवसर पड़ने पर मुझे यह काम करना ही पड़ सकता था। मैंने एक कुशल युवा मनुष्य जिसे लोग रॉबर्ट प्योरफवाय कहते थे, को अपने जहाज में रख लिया। 6 दिसंबर, 1710 ई. को हम लोग पोर्ट्समाउथ से रवाना हुए। 14 तारीख को हम लोग, टेनेरिफे में ब्रिस्टल के कप्तान पोकाक से मिले जो कैंपीची की खाड़ी में बबूल की लकड़ी काटने जा रहे थे। 16 ता. को एक तूफान के कारण वह हमसे बिछुड़ गये। लौटने पर मैंने सुना कि उसका जहाज पानी भर जाने के कारण डूब गया था। एक केबिन के लड़के को छोड़कर कोई शेष नहीं बचा। वह एक ईमानदार अच्छा नाविक था, परंतु अपने मत का वह बहुत पक्का था; और उसके पतन होने का कारण भी यही था। यही हाल और दूसरे लोगों का भी हुआ। यदि उसने मेरी सलाह न मानी होती तो आज वह अपने घर में पत्नी और के साथ सुरक्षित होता, साथ ही मैं भी सुरक्षित होता।

जाड़े के बुखार से मेरे जहाज के कई आदमी मर गये। अतः बाध्य होकर मुझे बाखेड्ज और लीवर्ड द्वीपों के आदमियों को भरती करना पड़ा। मेरे

व्यापारिक मालिक ने मुझे ऐसा करने के लिये आज्ञा प्रदान की थी। इसके लिये मुझे जल्दी ही पछताना पड़ा क्योंकि मुझे बाद में मालूम हुआ कि उनमें से वकानियर्स* जहाज पर पच्चीस आदमी काम कर रहे थे। मेरी आज्ञा थी कि मुझे दक्षिणी समुद्र के इंडियन्स से व्यापार करना है और अपनी ताकत भर नयी-नयी खोज भी करना है। इन बदमाश लोगों ने, जिन्हें मैंने रख लिया था मेरे अन्य आदमियों को तोड़कर अपनी ओर मिला लिया था। इन लोगों ने जहाज तथा मुझे बंधक बनाने का षड्यंत्र कर लिया। एक दिन सुबह इन लोगों ने ऐसा ही किया। मेरे कमरे में ये बस दौड़े आये और हाथ-पैर बाँधकर मुझे धमकी दी कि यदि मैं जरा भी हिला तो उठाकर मैं समुद्र में फेंक दिया जाऊँगा। मैंने उन लोगों से कहा कि मैं उन लोगों का कैदी हूँ और उनकी आज्ञाओं का पालन करूँगा। ऐसा करने के लिये उन लोगों ने मुझसे शपथ ली और मुझे खोल दिया। अब केवल मेरा एक पैर जंजीर से मेरे बिस्तर के पास बाँध दिया गया था। दरवाजे पर एक संतरी को भरी बंदूक के साथ रखा गया। उसे आज्ञा थी कि यदि मैं भागने का प्रयत्न करूँ तो मुझे गोली मार दी जाये।

इन लोगों ने मेरे पास कुछ खाने-पीने की चीजें भेज दी थीं। जहाज के संचालन का सारा काम इन लोगों ने अपने हाथों में ले लिया था। उन लोगों का इरादा समुद्री डाकू बनकर स्टोनियडिस को लूटने का था। यह काम ये लोग तभी कर सकते थे जब कि उनके पास काफी आदमी हों। परंतु पहले उन्होंने जहाज के सामान को बेच देने का विचार किया और फिर अन्य व्यक्तियों को भरती करने के लिये मेडागास्कर जाना चाहते थे। मेरे कैद हो जाने के बाद बहुत से आदमी मर भी चुके थे। कई सप्ताह तक ये लोग खेते रहे और इंडियन लोगों से व्यापार करते। परंतु मुझे नहीं मालूम कि अब वे कहाँ और किधर जा रहे थे। क्योंकि मैं तो पास के केबिन में एक कैदी के रूप में जीवन व्यतीत कर रहा था। मैं तो यह समझ रहा था कि अब ये लोग अपनी धमकियों के अनुसार मुझे अवश्य मार डालेंगे।

---

* वकानियर्स लोग समुद्र डाकू होते थे। इन लोगों का एक बहुत बड़ा गिरोह था जो मुख्यतः दक्षिण अटलांतिक में छापा मारा करते थे। स्विफ्ट महोदय के लिखने के पूर्व इन लोगों को छिन्न-भिन्न करके भगा दिया गया था। इसलिये यह भी स्वाभाविक है कि गुलीवर को वेस्टइंडीज में इस तरह के बदमाश लोग मिले हों।

9 मई, 1911 ई. को जेम्स वेल्च नामक एक आदमी मेरे केबिन में आया। उसने कहा कि कप्तान ने उसे आज्ञा दी है कि मुझे किनारे पर छोड़ दिया जाये। मैंने उसे समझाया परंतु कोई नतीजा नहीं निकला और उसने मुझे उनके कप्तान के बारे में भ बताया। उन लोगों ने मुझे एक लंबी नाव में बिठाया। एक लिनेन का बंडल मैंने अपने साथ ले लिया था। छोटी कटार को छोड़कर और मेरे पास कोई औजार न था। वे लोग इतने सभ्य थे कि इन लोगों ने मेरी जेब की तलाशी भी न ली थी। इन्हीं में मेरे सब पैसे रखे हुए थे तथा और कुछ आवश्यक वस्तुएँ इन जेबों में रखी थीं। एक लीग तक ये लोग नाव खेकर ले गये और तब इन्होंने मुझे किनारे पर उतार दिया। मैंने उनसे पूछा कि यह कौन सा देश है तो उन्होंने कसम खा कर कि वे कुछ भी नहीं जानते। परंतु उन लोगों ने बताया कि कप्तान के सामान बेच डालने के बाद यह इरादा कर लिया था कि जैसे ही जमीन दिखाई पड़ेगी वे सर्वप्रथम मुझसे छुटकारा पाने का प्रयत्न करेंगे। वे लोग मुझे धक्का देकर जल्दी आगे भाग गए और कहा कि ऐसा न करने पर ज्वार-भाटा मुझे बहा ले जाएगा। इस तरह उन लोगों ने मुझसे विदा ली।

इस निराशा में भी मैं आगे बढ़ा और जल्दी ही ठोस जमीन पा गया। यहाँ मैं किनारे पर आराम करने के लिये बैठ गया और सोचने लगा कि अब मुझे क्या करना चाहिए। जब मैं कुछ स्वस्थ हुआ तो यह इरादा करके घुसा कि जो भी असभ्य आदमी मुझे मिलेगा उसके सामने आत्मसमर्पण कर दूँगा; और कंगन, शीशे की अँगूठी तथा दूसरे खिलौने उन्हें देकर अपने जीवन की रक्षा करूँगा। इन यात्राओं में नाविक लोग अपने पास इस प्रकार का सामान रखते थे। इस तरह का कुछ सामान मेरे पास भी मौजूद था। यहाँ की भूमि पेड़ों की लंबी कतारों में बंटी थी। ये पेड़ लगाए नहीं गये थे परंतु अपने आप उग आये थे। यहाँ घास तथा ओरस के खेतों की अधिकता थी।

मैं अत्यंत सावधानी के साथ चल रहा था कि कहीं आगे-पीछे या दायीं-बायीं ओर से एकदम कोई तीर निकलकर मुझे चुभ न जाये। मैं एक सड़क पर चलने लगा। उस पर मैंने आदमियों के पैरों, गायों और अधिकतर घोड़ों के चलने के निशान देखें। अंत में मैंने कई जानवरों को एक खेत में देखा। इसी तरह के दो या तीन जीव पेड़ पर बैठ हुए थे। इन लोगों की शक्लें अजीब तथा विकृत थीं। इनको देखकर मैं घबड़ा गया। इन्हें अच्छी तरह से देखने के लिये मैं एक झाड़ी

में छुप गया। उनमें से कुछ चलकर उस स्थान तक आये जहाँ मैं लेटा हुआ था; और इस तरह मुझे एक अवसर मिला कि मैं उनकी शक्ल को अच्छी तरह से देख लूँ। ऊँचे-ऊँचे पेड़ों पर ये लोग गिलहरियों की भाँति चपलता से चढ़ जाते थे क्योंकि इन लोगों के आगे-पीछे बढ़े हुए पंजे थे जो नुकीले थे और हुक की भाँति मुड़े हुए थे। ये लोग अक्सर उछला-कूदा करते थे और बहुत फुर्ती से कूद जाते थे।

इनमें से मादा नर की अपेक्षा बड़ी नहीं थी। इन लोगों के सिर पर लंबे पतले बाल थे, परंतु चेहरे पर एक भी बाल न था। असल तो यह है कि मैंने अपनी सभी यात्राओं के दौरान इस तरह से गंदे जानवर कहीं भी न देखे थे और न किसी भी जानवर के प्रति मेरे मन में ऐसा कौतूहल उठा था। इसके बाद वह तीन-चार बार हिनहिनाया जिसे सुनकर मैं यह सोचने लगा कि शायद वह अपनी भाषा में बात कर रहा है।

उसी समय जब कि हम लोग एक-दूसरे से आकर्षित हो रहे थे एक और घोड़ा वहाँ आ गया। वह पहलेवाले घोड़े को कुछ सूचना दे रहा था। बारी-बारी से वे कई बार हिनहिनाए और अगले दाहिने खुरो को धीरे से एक-दूसरे से मिलाया। उनके हिनहिनाने की विभिन्न आवाजें मुझे अत्यंत स्पष्ट तथा साफ सुनाई दीं। वे दोनों कुछ दूर आगे चले गये। ऐसा मालूम होता था कि वे आपस में सलाह कर रहे थे। वे दोनों साथ-साथ टहलते हुए आगे-पीछे उन मनुष्यों की भाँति चल रहे थे जो मानो किसी गंभीर विषय के बारे में परामर्श कर रहे हों। परंतु कभी-कभी वे मेरी ओर भी देख लेते थे कि कहीं मैं भाग तो नहीं गया। जंगली जानवरों के इस व्यवहार तथा कार्यों को देखकर मुझे अत्यंत आश्चर्य हुआ' मैंने यह निष्कर्ष निकाला कि यदि यहाँ के निवासियों में थोड़ी सी तर्क-बुद्धि आ जाये तो ये लोग संसार के बुद्धिमान् मनुष्य बन जायें। इस विचार से मुझे सांत्वना मिली। मैंने निश्चय कर लिया कि मैं तब तक आगे बढ़ता जाऊँगा जब तक कि मुझे कोई मकान या गाँव न मिल जाएगा अथवा किसी निवासी से मेरी भेंट न हो जाएगी। मैंने इन दोनों घोड़ों को इनकी इच्छानुसार बातचीत करते ही छोड़ दिया। परंतु पहले वाला घोड़ा जो चितकबरे भूरे रंग का था मुझे भागते देखकर हिनहिनाया। मुझे समझते देर न लगी कि वह क्या चाहता था। इस पर मैं वापस लौटा और घोड़े के पास आ गया कि अब मुझे वह क्या आज्ञा देना चाहता है। परंतु मैं अपना भय हरसंभव छिपाये रहा। मुझे यह देखकर

दुख होने लगा कि अब इस साहसिक कार्य में अंत का निकट आ रहा है। पाठक सहज ही विश्वास कर लेंगे कि मैं अपनी तत्कालीन दशा को अच्छा नहीं मानता था।

दोनों घोड़े मेरे नजदीक आ गये। मेरे चेहरे और हाथों को वे बड़ी सावधानी के साथ देखने लगे। भूरे घोड़े ने अपने अगले खुर से मेरी हैट को चारों ओर से रगड़ा। इस पर वह इतनी टेढ़ी हो गयी कि मुझे अंत में उस हैट को उतार ही लेना पड़ा और दुबारा ठीक करना पड़ा। इस पर वह तथा उसका साथी (लाल भूरे रंग का था) अत्यंत आश्चर्यचकित हो गये। दूसरे ने मेरे कोट के लटकते हुए कपड़े को छुआ। उसे मेरे शरीर पर ढीला पाकर उन दोनों को विचित्र प्रकार का आश्चर्य हुआ। उसने मेरे दाहिने हाथ को धक्का दिया। मालूम होता था कि वह मेरे शरीर की कोमलता और रंग से प्रभावित हुआ। परंतु उसने अपने खुर के फटे हुए हिस्से से मेरे हाथ को इतने जोर से दाबा कि मैं मजबूरन बड़े जोर से चीख उठा। इसके बाद इन दोनों ने अत्यंत नम्रता से मेरा स्पर्श किया। मेरे जूतों और मोजों को देखकर उन्हें बड़ा आश्चर्य हुआ और इस बात के आभास से ही इतनी विरक्ति भी पैदा हुई थी। जब मैंने उन्हें अच्छी तरह देख लिया और मेरा मन घृणा तथा द्वेष से भर गया तो मैं उठ खड़ा हुआ और उसी चालू सड़क से चलने लगा। मेरा विचार था कि यह सड़क मुझे किसी इंडियन की कुटी के पास ले जाएगी। मैं बहुत दूर न जा पाया था कि इनमें का एक जानवर मेरे रास्ते में आ गया। वह सीधा मेरी ओर चला आ रहा था। इस कुरूप राक्षस ने जब मुझे देखा तो कई प्रकार से अपना मुँह बनाया। वह मेरी ओर इस तरह घूर रहा था जैसे कि उसने कभी भी मेरी तरह का आदमी न देखा हो। नजदीक पहुँचने पर उसने अपना अगला पंजा उठाया। मैं नहीं बतला सकता कि उसने ऐसा शरारत या उत्सुकतावश किया।

परंतु मैंने अपनी कटार निकाल ली और उसके चपटे सिरे से उस जानवर को जोर का धक्का दिया। मैंने कटार की धार से उस पर वार इस डर से न किया कि कहीं यहाँ के निवासी यह जानकर कि मैंने उनके जानवर को घायल किया है या मार डाला है, मुझसे उत्तेजित न हो जायें। जब उस जानवर को चोट लगी तो वह पीछे भागा और इतने जोर से गरजा कि पड़ोस के खेत से इसी तरह के कम-से-कम 20 जानवर और आ गये। ये जानवर बड़े जोर से शोर करते हुए

अपना मुँह विचित्र प्रकार से बना रहे थे। परंतु मैंने फौरन भागकर एक पेड़ के तने से अपनी पीठ लगा दी और कटार को हिला-हिलाकर उन लोगों को अपने से दूर रखा।

इसी मुसीबत के समय मैंने देखा कि वे सब एकाएक मुझे छोड़कर भाग गये। इस पर मैंने साहस किया और पेड़ को छोड़कर सड़क पर चलने लगा। मुझे इस बात पर आश्चर्य हो रहा था कि ऐसी क्या बात हुई जिससे वे सब डरकर भाग गये। परंतु जब मैंने अपनी बायीं ओर देखा तो खेत में एक घोड़ा धीरे--धीरे टहल रहा था। मुझे घेरकर परेशान करनेवालों ने इसे तो नहीं देख लिया। उनके भाग जाने का यही कारण था। जब वह घोड़ा मेरे निकट आया तो कुछ चौंका परंतु फिर जल्दी ही सँभल गया। वह मेरी ओर अत्यंत आश्चर्य तथा ध्यान से देख रहा था। उसने चारों ओर कई बार चक्कर लगाकर मेरे हाथों और पैरों को देखा। मैंने अपना रास्ता पकड़ा परंतु चह स्वयं मेरे मार्ग में आ गया। वह मेरी ओर अत्यंत नम्रता के साथ देख रहा था। उसका विचार हिंसा करने का बिल्कुल न था।

हम लोग कुछ देर तक एक-दूसरे की ओर देखते रहे। अंत में मैंने साहस करके उसकी गरदन में अपना हाथ उसी तरह फँसाने का प्रयत्न किया जैसे कि घोड़ा पकड़नेवाले लोग सीटी बजा-बजाकर जंगली घोड़ों को पकड़ने का प्रयत्न करते हैं। परंतु मुझे ऐसा मालूम हुआ कि घोड़े ने मेरे इस कार्य को घृणा की दृष्टि से देखा। उसने अपना सिर हिलाकर भौंहों को नीचे झुकाया और मेरे हाथ को हटाने के लिये अपना अगला पैर बार-बार उठाने लगा। वे विचित्र प्रकार के हाव-भाव प्रदर्शित करके आपस में हिनहिना रहे थे। इन घोड़ों का इस तरह का कार्यकलाप उस दार्शनिक की भाँति था जिसके सम्मुख एक नयी और जटिल समस्या आ गयी हो।

इन सब बातों पर विचार करके तथा इन जीवों के उचित और अच्छे व्यवहार को देखकर अंत में मुझे यही निष्कर्ष निकालना पड़ा कि ये अवश्य ही जादूगर थे। किसी विशेष कारण से इन्होंने अपने को घोड़ों के रूप में परिवर्तित कर लिया है। रास्ते में एक अजनबी आदमी को आते देखकर उससे मनोरंजन करने के लिये इन लोगों ने अपना भेष बदल लिया है। संभवतः यहाँ के निवासियों से बिल्कुल विपरीत रूप रंग और स्वभाव वाले मनुष्य को आते देख कर इन जानवरों को अत्यंत आश्चर्य हुआ हो। इन सभी बातों को सोचकर मैंने

साहस करके नीचे लिखे शब्दों द्वारा उनको संबोधित किया।

श्रीमान् जी यदि आप लोग जादूगर हैं जैसा कि मेरा अनुमान है तो आप सभी भाषाओं को समझ सकते हैं। अतः आप लोगों के सम्मुख मैं निवेदन करना चाहता हूँ कि दुर्भाग्यवश मैं एक अंग्रेज हूँ। कष्टों और दुखों से पीड़ित आपके देश में छोड़ दिया गया हूँ। मैं आप लोगों में से एक सज्जन से प्रार्थना करता हूँ कि यदि आप वास्तव में घोड़े हों तो मुझे अपनी पीठ पर बिठाकर किसी गाँव या मकान में ले चलिये जहाँ मुझे कुछ आराम मिले। इस कृपा के लिये मैं आपको चाकू और कंगन भेंट करूँगा (इन चीजों को मैंने जेब से निकाल लिया)

जिस समय मैं बोल रहा था ये जानवर शांत खड़े थे। ऐसा मालूम होता था कि वे दोनों मेरी बात को अत्यंत सावधानी से सुन रहे थे। जब मेरी बात समाप्त हो गयी तो वे आपस में हिनहिनाए। ऐसा मालूम होता था कि वे किसी गंभीर वार्त्तालाप में मग्न हैं। मैंने साफ तौर से देखा कि अमली भाषा के द्वारा ये जानवर अपने हाव-भावों को बड़ी सुंदरता से प्रकट कर रहे थे। इन जानवरों के द्वारा बोले गये शब्दों को ठीक प्रकार से समझ जाने पर यह मालूम होता था कि इनकी वर्णमाला चीनी लोगों से सरल थी।

मैंने अक्सर इन जानवरों को 'येहो*' शब्द कहते सुना। इस शब्द को इन जानवरों ने कई बार दुहराया था। फिर भी मेरे लिए तो यह असंभव ही था कि इस शब्द का अर्थ लगा सकूँ, परंतु फिर भी वे जब दोनों घोड़े बात कर रहे थे तो मैंने कई बार इस शब्द का उच्चारण करने का प्रयत्न किया। जैसे ही वे शांत हो गये मैंने तेज आवाज में 'येहो*' शब्द का उच्चारण किया। अपनी शक्ति भर मैंने उस समय थोड़े से हिनहिनाने की आवाज का अनुकरण किया। उसको सुनकर वे दोनों अत्यंत चकित हुए। भूरे रंगवाले घोड़े ने इसी शब्द को दुहराया। ऐसा मालूम होता था कि वह मुझे शुद्ध उच्चारण सिखा रहा था। इसके बाद मैंने कई बार उच्चारण ठीक उसी की तरह किया। थोड़े से अभ्यास के बाद मुझे अनुभव हुआ कि हर बार मेरे उच्चारण में सुधार हो रहा था। अभी मेरा उच्चारण शुद्ध नहीं

---

* स्विफ्ट महोदय ने इस स्थान पर भाषा में लालित्य लाने के लिये गाली के विशेषण का प्रयोग किया है। राजनीतिक तथा दूसरे युद्धों में इस शब्द का प्रयोग अकसर किया जाता है। आधुनिक समय में तो यह शब्द इतना प्रचलित हो गया है कि इसको शब्दकोष में भी स्थान दिया गया है।

हुआ था। इसके बाद उस घोड़े ने मुझे दूसरे शब्द के उच्चारण का अभ्यास कराया। दूसरे शब्द का उच्चारण करना कठिन था। इस शब्द को यदि अंग्रेजी व्याकरण में बदल दिया जाये तो इसका उच्चारण 'होइहन्मन्म' हो जाएगा। पहले शब्द की भाँति मैं इस शब्द का उच्चारण करने में अधिक सफल न रहा। परंतु दो-तीन बार अभ्यास कराये जाने पर कुछ सफलता मिली। मेरी योग्यता को देखकर वे दोनों चकित हो गये थे।

इसके बाद कुछ देर बातचीत करने के बाद उन दोनों मित्रों ने अपने खुरों को आपस में लड़ाकर विदा ली। मैंने अनुमान लगाया कि वे दोनों उस समय मेरे बारे में ही बातचीत कर रहे थे। भूरेवाले घोड़े ने संकेत करके बतलाया कि मैं उसके साथ चलूँ। मैंने ऐसा ही करने में बुद्धिमानी समझा जब तक कि मुझे कोई दूसरा रास्ता बन जानेवाला न मिलता। जब कभी मैं पिछड़ जाता था तो वह हिनहिन करके चिल्लाने लगता था। मैंने उसके इस शब्द का मतलब समझ लिया था और अपनी शक्ति भर मैंने उसे उसका उत्तर समझाने का प्रयत्न किया कि मैं बहुत थका था और अधिक तेज चलने की सामर्थ्य मुझमें नहीं रह गयी है। इस पर वह कुछ देर के लिये अकसर रुक जाता था और मुझे थकावट दूर करने का अवसर मिल जाता था।

2

करीब तीन मील की यात्रा कर चुकने के बाद हम लोग एक लंबी इमारत के पास आ गये जो लकड़ी की बनी थी। लकड़ियाँ जमीन में गड़ी हुई थीं। बाहर से लकड़ी का बना हुआ एक टट्टर उसमें लगा था। छत नीची थी और भूसे से छाई हुई थी। अब मुझे कुछ सांत्वना मिली। मैंने अपने कुछ खिलौने को बाहर निकाला। इन्हें साधारणतया वे यात्री अपने साथ भेंट के तौर पर रखते हैं जो अमेरिका तथा अन्य प्रदेशों के असभ्य इंडियन लोगों के पास जाते हैं। इन्हें यह आशा रहती है कि ऐसा करने से वहाँ के लोग इनका आदर और दयापूर्ण व्यवहार करेंगे। इस बात को सोचकर मैंने भी खिलौने निकाले। घोड़े ने संकेत किया कि मैं पहले अंदर जाऊँ।

वह कमरा बहुत बड़ा था तथा उसकी फर्श मिट्टी की बनी हुई थी। एक ओर सारी लंबाई में नाँद और पशुओं को चारा खिलानेवाला कठरा बना हुआ था। वहाँ तीन टट्टू तथा दो घोड़ियाँ थीं। ये चारा नहीं खा रहे थे परंतु उनमें से कुछ अपने घुटनों के बल पर बैठे थे। यह देखकर मुझे बहुत ताज्जुब हुआ परंतु इससे भी अधिक आश्चर्य मुझे यह देखकर हुआ कि बाकी जानवर घरेलू काम कर रहे थे। ये सब मुझे साधारण जानवर प्रतीत हुए थे। फिर भी इन सब चीजों को देखकर मुझे पहली वाली बात की पुष्टी हो गई कि ऐसे लोग हैं जो जंगली जानवरों तक को इतना सभ्य बना सकते है, वास्तव में संसार के सभी देशों के लोगों से बुद्धिमान् होंगे। भूरा घोड़ा मेरे बाद ही भीतर आ गया। मेरे साथ बुरा व्यवहार करने के लिये उन लोगों को रोका जैसा कि वे संभवतः करते। वह इन जानवरों की ओर कई बार आज्ञा देने के लिये हिनहिनाया। उन्होंने उसका उत्तर दिया।

इस इमारत में इस कमरे के आगे तीन और भी कमरे थे। एक कमरे से दूसरे कमरे में आने के लिये पेड़ों की कतार की भाँति एक-दूसरे के विपरीत तीन दरवाजों को पार करना पड़ता। दूसरे कमरे से होकर हम लोग तीसरे कमरे में गये। यहाँ वह भूरा घोड़ा आगे चला और संकेत किया कि मैं उसके पीछे आऊँ। मैं दूसरे कमरे में इंतजार करता रहा और मकान के मालिक तथा मालकिन को भेंट करने के लिये चीजें ठीक करता रहा। मेरी भेंट में दो चाकू और नकली मोतियों के तीन कंगन, मुँह देखनेवाला एक छोटा शीशा और मोतियों की एक माला थी। घोड़ा तीन या चार बार हिनहिनाया और मैं इस बात का इंतजार करता रहा कि अंदर से किसी मनुष्य की आवाज सुनाई पड़ेगी।

परंतु मुझे उसी प्रकार हिनहिनाने की आवाज के अलावा और कुछ भी न सुनाई पड़ा। केवल दो तीन बार उसी घोड़े की तेज आवाजें सुनाई पड़ीं। मैं यह सोचने लगा कि यह मालूम होता है कि यह मकान किसी बड़े भारी आदमी का है और इसमें प्रवेश करनेवालों को इसी प्रकार इंतजार करने की परंपरा का पालन करना पड़ता है। परंतु यह बात मेरी समझ में नहीं आती थी कि इतने बड़े योग्य आदमी के सब सेवक घोड़े ही घोड़े हैं। मुझे भय हुआ कि कष्टों के कारण मेरा दिमाग तो नहीं खराब हो गया है। मैं एकदम चौंककर उठा और कमरे में अपने चारों ओर देखने लगा। इसमें मैं अकेला ही छोड़ दिया गया था। इस कमरे में भी

पहले वाले कमरे की भाँति सामान रखा था परंतु सब चीजें कुछ कायदे से थीं। मैंने बार-बार अपनी आँखों को मला परंतु वही चीजें बार-बार दिखलाई पड़ीं। मैंने अपने हाथों और शरीर के अन्य स्थानों पर चुटकी काटी क्योंकि मैंने सोचा कि संभवतः मैं स्वप्न देख रहा हूँ।

इसके बाद मैंने फौरन ही यह निष्कर्ष निकाला कि यह सब जादू और पिशाच विद्या के अतिरिक्त और कुछ नहीं हो सकता। परंतु इन सब बातों पर विचार करने के लिये मेरे पास समय नहीं था, क्योंकि भूरा घोड़ा दरवाजे पर आ गया था। वह संकेत दे रहा था कि मैं उसके पीछे तीसरे कमरे में जाऊँ। मैंने वहाँ देखा कि एक सुंदर घोड़ी एक बछेड़े और बच्चे के साथ कूल्हे के बल घास की चटाई पर बैठी थी। वह चटाई बहुत साफ और अच्छी थी।

जैसे ही मैं घुसा वह घोड़ी चटाई पर से उठकर मेरे पास आ गयी। पहले उसने मेरे चेहरे तथा पैरों को अच्छी तरह देखा। फिर उपेक्षापूर्ण दृष्टि से मेरी ओर देखा। उसके बाद वह घोड़े की ओर मुड़ी। मैंने उन दोनों को कई बार अकसर 'येहो- शब्द दुहराते सुना। इस शब्द का अर्थ मैं इस समय समझ नहीं पाया था, फिर भी वह पहला शब्द था जिसका उच्चारण मैंने सीख लिया था। परंतु जल्दी ही मुझे ऐसी खबर मिली और मैं चकित होकर जड़वत हो गया। उस घोड़े ने सिर के द्वारा मेरी ओर संकेत किया और हन्न, हन्न शब्दों को कई बार दुहराया। ऐसा ही उसने सड़क पर भी किया था। इसका मैंने अर्थ निकाला कि मैं उसके पीछे-पीछे आऊँ। वह मुझे इलाके के बाद एक तरह की कचहरी में ले गया। इस मकान के पास ही थोड़ी दूर पर एक इमारत थी।

हम लोग यहाँ पहुँचे और उन तीन घृणित जानवरों को देखा जिनसे मैं इस देश में आने के बाद मिला था। ये लोग जड़ें और किसी जानवर के गोश्त को खा रहे थे। बाद में मुझे मालूम हुआ कि वह गोश्त घोड़ों और गदहों का था। कभी-कभी ये लोग दुर्घटना या बीमारी से मरी गाय को भी खाते थे। इन सबों की गरदनें टहनियों की बटी हुई रस्सियों से बँधी थीं और रस्सी लकड़ी की एक शहतीर में फँसी थी। ये लोग अपना भोजन आगे के पैरों के पंजों में पकड़ते थे और दाँतों से उसे नोच-नोचकर खा रहे थे।

मालिक घोड़े ने, भूरे लाल रंगवाले अपने एक टट्टू नौकर को आज्ञा दी कि सबसे बड़े जानवर को खोलकर बाहर दालान में लाया जाये। उस जानवर को मेरे

पास लाया गया। मालिक तथा नौकर दोनों ने हम लोगों के चेहरों को सावधानीपूर्वक देखा। इस पर उसने कई बार 'येहो' शब्द को दुहराया। जब मैंने देखा कि वह घृणित जानवर मानव की ही तरह है तो उस समय मुझे आश्चर्य और भय हुआ जिसका मैं वर्णन नहीं कर कसता। उसका चेहरा चपटा और चौड़ा था, नाक दबी और ओठ लंबे थे। मुँह चौड़ा था परंतु यह सब विभिन्नताएँ सभी असभ्य और जंगली देशों में पायी जाती हैं।

ऐसे देशों में यहाँ के रहनेवालों के चेहरों की रेखाएँ यहाँ के कष्टों और दुखों के कारण बिगड़ जाती हैं। इसके बच्चे जमीन पर घिसटा करते है। या इसके अतिरिक्त जब इसकी माँ पीठ पर लादती है तो ये उसके कंधों पर नाक भी रगड़ा करते हैं। 'येहो' के अगले पैरों और मेरे हाथों में केवल यही अंतर था कि उसके नाखून बड़े थे। हथेली अधिक भूरी और खुरदुरी थी और पीछे की तरह काफी बाल थे। हम लोगों के पैरों में भी यही अंतर था। मैने यह अंतर अच्छी तरह देख लिया था लेकिन घोड़े इसे न जाने पाये थे क्योंकि मैं जूते और मोजे पहने था। उसका शेष शरीर हम लोगों की ही भाँति था। केवल रंग और बालों को छोड़कर अन्य कोई विशेष अंतर हम लोगों में नहीं था। इस अंतर के बारे में मैं पहले ही बता चुका हूँ।

इन दोनों घोड़ों को सबसे बड़ी कठिनाई इस बात की मालूम हुई कि मेरे अन्य शरीर की तुलना 'येहो' से किस तरह की जाये क्योंकि मैं कपड़े पहने हुए था। इसके बारे में उन्हें कुछ भी ज्ञान न था।

दोपहर में मैंने देखा कि मकान की ओर से स्लेज की भाँति एक गाड़ी चली आ रही थी। उसे चार 'येहो' खींच रहे थे। उस गाड़ी के अंदर एक वृद्ध घोड़ा बैठा था जो समझदार मालूम हो रहा था। पीछे के पैरों से वह उठ खड़ा हुआ। एक दुर्घटना में उसके अगले बायें पैर में चोट लग गयी थी। हमारे घोड़े के साथ वह भोजन करने के लिये आया। उसने आदर के साथ इसका स्वागत किया। सबसे अच्छे कमरे में इन लोगों ने भोजन किया। इन लोगों ने दूध में उबाल कर जई का भोजन किया। वृद्ध घोड़े ने इसे गर्म और दूसरे से इसे ठंडा हो जाने पर खाया। कमरे के बीच में इनकी नाँदें गोलाई से रखी गयी थीं। इन सबको अलग-अलग कर दिया गया था। इसके चारों ओर ये सब फूस के मूढ़ों पर कूल्हों के बल बैठे हुए थे।

बीच में चारा खिलानेवाला लकड़ी का एक कठरा रखा था। इससे हर नाँद बिल्कुल अलग-अलग दिखायी पड़ती थी। यह सब प्रबंध इसलिये किया गया था ताकि हर एक घोड़ा और घोड़ी अपनी-अपनी घास, जई का दलिया और दूध सलीकें तथा सरलता से साथ खाएँ। जवान बछेड़ों और छोटे बच्चों का व्यवहार विनम्रतापूर्ण था। अपने अतिथि के प्रति मालिक तथा मालकिन का व्यवहार आनंददायक और उदार था। उसने अपने मित्र के साथ मेरे बारे में काफी बातचीत की क्योंकि मैंने देखा कि अजनबी नया घोड़ा अक्सर मेरी ओर देखता था और 'येहो' शब्द को कई बार दुहरा चुका था।

मैं इस समय दस्ताने पहने था। भूरे मास्टर को यह देखकर परेशानी और ताज्जुब हो रहा था। मेरे अगले पैरों पर उसने अपना खुर तीन या चार बार रखा और ऐसा मालूम होता था कि वह चाहता है कि मैं दस्ताने उतार दूँ। मैंने उन्हें फौरन उतारकर जेब में रख लिया। इसके बाद वे दुबारा बात करने लगे। मैंने देखा था कि उन लोगों को मेरे इस व्यवहार से बहुत खुशी हुई। इसका अच्छा प्रभाव मुझे शीघ्र ही मिल गया। मुझे आज्ञा दी गयी कि मैं जिन शब्दों को समझता हूँ उन्हें दुहराऊँ। जब वे लोग भोजन कर रहे थे तभी मास्टर ने मुझे जई, दूध, आग, पानी तथा और दूसरी वस्तुओं के नाम सिखा दिये थे। इन शब्दों का उच्चारण मैंने बहुत जल्दी ही सीख लिया था क्योंकि बचपन से मुझमें भाषाओं को सीख लेने की विशेष प्रतिभा थी।

जब भोजन समाप्त हो गया तो मास्टर घोड़ा मुझे अलग ले गया और शब्दों के संकेत के बारे में सिखलाया कि किस तरह यह कहा जाएगा कि मेरे पास खाने के लिये कुछ भी नहीं है। इन लोगों की भाषा में जई को 'हल्वह', कहकर पुकारते थे। इस शब्द का मैंने कई बार उच्चारण किया। यद्यपि पहले मैंने इन्कार कर दिया था फिर दुबारा विचार करने पर सोचा कि मैं इस जई की रोटी बना सकूँगा। दूध के साथ इसे खाकर मैं उस समय तक जिंदा रह सकूँगा जब तक कि किसी दूसरे देश को भाग न जाऊँ। घोड़े ने अपने वंश की एक सफेद घोड़ी नौकर को आज्ञा दी कि वह मेरे लिये लकड़ी की तश्तरी में जई ले आये। जई को मैंने पहले खूब गर्म किया फिर उसे रगड़ता रहा जब तक कि भूसी निकल न आयी। मैंने भूसी को जई से अलग कर दिया। इसके बाद मैंने दो पत्थरों की मदद से उसे पीसकर पानी की सहायता से उसका दलिया या रोटी बनायी फिर

उसे भाप से सेंककर दूध के साथ खाया।

पहले यह भोजन मुझे बिल्कुल ही अच्छा न लगा (यूरोप के बहुत से देशों में प्रयोग होता है) परंतु धीरे-धीरे समय बीतने के साथ ही मुझे यह खाना अच्छा लगने लगा। जीवन में मुझे इस तरह के भोजन करने के अवसर मिले थे। मेरा यह पहला अनुभव नहीं था। मैं यह दावे के साथ कह सकता हूँ कि जब तक मैं इस द्वीप में रहा था एक घंटे के लिये भी मैं बीमार नहीं हुआ था। यह सत्य था कि मैंने कई बार 'येहो' के ये खरगोश या दूसरी चिड़ियों को पकड़ा था। अक्सर मैं स्वादिष्ट जड़ी-बूटियों को भी एकत्रित करता था। उसको उबालकर या सलाद बनाकर रोटी के साथ खाता था।

कभी-कभी में मक्खन बनाता था और मट्ठे को पी जाता था। वहाँ तो मुझे पहले नमक की कमी से बहुत कष्ट हुआ; परंतु धीरे-धीरे आदत पड़ जाने पर कष्ट भी दूर हो गया। मुझे विश्वास है कि नमक का प्रयोग आराम देनेवाली चीजों का परिणाम है। सबसे पहले नमक का प्रयोग शराब को उत्तेजित करने के लिये किया गया था। लंबी यात्राओं में मांस को ठीक रखने के लिये भी नमक काम में लाया जाता था या हाँ बाजार दूर होती थी वहाँ भी नमक का प्रयोग किया जाता था। क्योंकि हम देखते हैं कि आदमी* के अलावा और कोई जीव इसका प्रयोग नहीं करता है। जहाँ तक मेरा संबंध है जब मैंने इस देश को छोड़ा तो पहले काफी दिनों तक नमकवाली चीजों में भी जायका न मालूम हुआ था।

भोजन के बारे में मुझे इतना ही कहना है लेकिन दूसरे यात्रियों ने तो इस विषय पर बड़ी-बड़ी पुस्तकें लिख डाली हैं। ऐसा मालूम होता है कि पाठकों को इस बात में रुचि है कि उस द्वीप में मैं अच्छा या बुरा कैसा भोजन करता था। फिर इस बात का वर्णन करना अवश्यक था। अन्य पाठक इस बात को असंभव समझते कि मैं किस तरह तीन वर्षों तक उस देश में इन लोगों के

---

* स्विफ्ट महोदय ने इस स्थान पर एक भ्रम या शंका का वर्णन किया है जो कि उसके समय और बाद में भी काफी प्रचलित था। अब यह मालूम है कि जानवर नमक के शौकीन होते हैं। साधारण किसान भी अपने घोड़ों तथा जानवरों को काफी नमक खिलाते हैं। इस विषय का ज्ञान फ्रांसवालों को हमसे पहले था। फ्रांस में क्रांति के पूर्व एक शिकायत लोगें को यह भी थी कि नमक पर भारी टैक्स लग जाने से वे अपने जानवरों को वह चीज नहीं खिला पाते हैं जो उनके लिये अति आवश्यक है।

साथ रहा।

जब शाम हो आयी तो मास्टर घोड़े ने मेरे रहने के लिये मुझे स्थान बतलाया। यह स्थान इस मकान से छः गज की दूरी पर था और 'येहो' लोगों के अस्तबल से दूर था। यहाँ मुझे कुछ भूसा मिल गया। उसी पर लेटकर मैंने अपना कपड़ा ओढ़ लिया और अच्छी नींद ली। कुछ ही समय में मैंने अपने रहने का अच्छा प्रबंध कर लिया। इसके बारे में पाठकों को आगे चलकर अधिक जानकारी होगी जब मैं अपने रहन-सहन, तौर-तरीके का विस्तृत वर्णन करूँगा।

3

मेरी मुख्य कोशिश यहाँ की भाषा सीखने की थी जिसे सिखाने को मेरे मास्टर (अब मैं इसे इसी नाम से पुकारूँगा) उसके बच्चे तथा घर का प्रत्येक नौकर व्यग्र था। उन्हें आश्चर्य लगता था कि मेरे समान एक जंगली जानवर के अंदर इतनी बुद्धिमत्ता और चतुरता कहाँ से आ गयी। हर चीज की ओर मैंने इशारा करके उसका नाम पूछ लिया था। अकेले में मैं इन नामों को अपनी डायरी में लिख लिया करता था। उस वंश के लोगों द्वारा उच्चारण किये जाने पर मैंने अशुद्ध उच्चारणों को शुद्ध कर लिया। इस काम में मुझे लाल टट्टू से काफी सहायता मिली जो मास्टर का नौकर था।

बातचीत करते समय ये लोग शब्दों का उच्चारण नाक और गले के द्वारा करते थे। उनकी भाषा करीब-करीब हाई डच-जर्मन या दूसरे देशों (जिन्हें मैं जानता हूँ) की भाँति थी। परंतु यह भाषा अत्यंत महत्त्वपूर्ण और सुंदर है। सम्राट्, चार्ल्स पंचम ने भी करीब-करीब इसी प्रकार की बात कही थी कि यदि उसे अपने घोड़े से बात करना पड़े तो हाई डच में बात करनी पड़ेगी।

मेरे मास्टर की उत्सुकता और अधीरता इतनी बढ़ गयी थी कि खाली समय में वह कई घंटों तक मुझे सिखाया करता था। उसे यह विश्वास हो गया था (जैसा कि उसने मुझे बाद में बतलाया) कि मैं अवश्य 'येहो' ही हूँ। परंतु मेरी सभ्यता, स्वच्छता और सीखने के ढंग से उसे बहुत आश्चर्य हुआ था क्योंकि ये सभी गुण उन लोगों में नहीं पाये जाते थे। सबसे ज्यादा परेशानी उसे मेरे कपड़ों

से हुई थी। कभी-कभी वह सोचता था कि ये कपड़े भी मेरे शरीर के अंग थे क्योंकि मैं इन कपड़ों को उसी समय उतारता था जब इस वंश के सभी लोग सो जाते थे और उनके जागने से पहले ही फिर पहन लेता था।

मेरे मास्टर को यह जानने की अत्यंत उत्सुकता थी कि मैं वहाँ पहुँचा कैसे? मेरे व्यवहार और कार्यों में बुद्धि के योग को देखकर वह चकित था। वह मेरे मुँह से ही मेरी कहानी सुनना चाहता था क्योंकि उसे विश्वास हो चुका था कि अब उसके वाक्यों और शब्दों में अधिकार प्राप्त करके उनका शुद्ध उच्चारण करना सीख चुका हूँ। अपनी सरलता के लिये मैंने जो कुछ भी सीखा था उसे भी अंग्रेजी वर्णमाला में अनुवाद सहित लिख लिया था। अंत में इस काम को मास्टर के सामने करने का साहस भी मुझमें आ गया था। यह बताने में कि मैं क्या कर रहा हूँ मुझे बहुत परेशानी हुई क्योंकि यहाँ के निवासियों को साहित्य तथा पुस्तकों का तनिक भी ज्ञान न था।

करीब दस सप्ताह में मैं इस योग्य हो गया कि उनके अधिकांश प्रश्नों को समझ सकूँ। तीन महीने में इतनी योग्यता प्राप्त कर ली कि उनके प्रश्नों का कुछ-कुछ उत्तर भी देने लगा। वह इस बात को जानने का बहुत ही इच्छुक था कि मैं संसार के किस देश से आया हूँ और बुद्धिमान् जीवों की नकल करने की कला मैंने कैसे सीखी? मैंने उत्तर दिया कि अपने कई साथियों के साथ पेड़ों के तने से बने एक छिछले बर्तन नाव में बैठकर हम लोग समुद्र पार के एक दूर देश से आये थे। मेरे दोस्तों ने जबर्दस्ती मुझे इस देश के किनारे पर उतार दिया और चले गये।

बड़ी कठिनाई और संकेतों के ारा मैंने उसे अपने विचारों को समझाया। उसने उत्तर दिया कि या तो मैं गलती पर था और या मैंने जो कुछ भी कहा है वह सत्य नहीं है। (क्योंकि उनकी भाषा में झूठ बोलने को व्यक्त करने के लिये शब्द नहीं थे) उसके अनुसार समुद्र के पार किसी देश का होना संभव न था। अथवा यह भी असंभव है कि कुछ जानवर जहाँ चाहें वहाँ समुद्र में लकड़ी के बर्तन में आ जा सकें। उसे विश्वास था कि कोई भी जीवित हन्हन्म इस प्रकार का बर्तन नहीं बना सकता और न उसे यही विश्वास था कि 'येहो' उसका प्रबंध कर सकते हैं।

उनकी भाषा में 'हुइन्हन्हन्म' शब्द का अर्थ घोड़े से है और प्राकृतिक की

पूर्णता इस शब्द की व्युत्पत्ति से है। मैंने अपने मास्टर को बतलाया कि मैं अपने विचारों को अभी ठीक से व्यक्त नहीं कर पाता हूँ। परंतु जल्दी ही मैं उसको सुधार लूँगा। थोड़े समय में ही मैं इस योग्य होकर उसे और आश्चर्यजनक वस्तुओं के बारे में बतलाऊँगा। प्रसन्न होकर उसने अपनी घोड़ी, बछेड़े और बच्चों तथा परिव्रार के सभी नौकरों को आज्ञा दी कि मुझे भाषा सिखाने में सभी अवसरों का सदुपयोग किया जाये। इतना ही नहीं वह स्वयं ही प्रतिदिन दो या तीन घंटे मेरे साथ कष्ट उठाने लगा।

पड़ोस के कुछ योग्य घोड़े तथा घोड़ियाँ यह जानकर अक्सर मेरे घर आते कि एक अनोखा येहो आया है जो हुइहन्हन्म की तरह बोल सकता है। उसके शब्दों और कार्यों द्वारा मालूम होता है कि उसे बुद्धि भी है। इन लोगों को मुझसे बात करने में आनंद आता था। ये लोग सवाल पूछते थे और मैं शक्ति के अनुसार उनका उत्तर देता था। इन सब सुविधाओं के कारण यहाँ कुछ भी बोला जाता था उसे समझ लेने लगा और अपने विचारों को भी अच्छी तरह व्यक्त करने में कुशल हो गया।

जो हुइहन्हन्मस मुझे देखने और बातचीत करने के लिये मास्टर के घर आते थे उन लोगों को यह विश्वास नहीं होता था कि मैं वास्तव में 'येहो' हूँ। क्योंकि मेरे शरीर की त्वचा उन लोगों से बिल्कुल विपरीत थी। उन लोगों को यह देखकर अत्यंत आश्चर्य होता था कि मेरे चेहरे, हाथों और मुँह पर अन्य लोगों की तरह बाल और खाल क्यों नहीं हैं। परंतु इस रहस्य को मैंने मास्टर के सम्मुख एक घटना के कारण प्रगट कर दिया था जो पंद्रह दिन पहले घटित हुई थी।

मैं पाठकों को यह पहले ही बता चुका हूँ कि प्रतिदिन परिवार के सभी लोगों के बिस्तरे पर चले जाने के बाद मैं अपने कपड़े उतार डालता था। ऐसी ही मेरी आदत थी। एक बार ऐसा हुआ कि एक दिन तड़के ही मास्टर ने मुझे बुलाने के लिये अपने लाल भूरे टट्टू को भेजा। वह उसका सेवक था। जब वह आया उस समय मैं गहरी नींद में था। मेरे उतारे हुए कपड़े एक किनारे पड़े हुए थे। उसकी आवाज पर मैं जग गया। मैंने देखा कि बड़ी घबड़ाहट में वह मुझे खबर सुना रहा है। इसके बाद वह मेरे मास्टर के पास चला गया और डरे हुए स्वर में उसने जो कुछ देखा था मालिक से बतला रहा था। इस बात का पता मुझे फौरन ही लग गया। जैसे ही मैं कपड़े पहनकर मास्टर के पास पहुँचा उसने मुझसे

पूछा कि नौकर ने जो कुछ बतलाया है उसका क्या अर्थ है। इसके विपरीत नौकर की सूचना के अनुसार सोते समय वैसा नहीं था जैसा दूसरी जगहों में मालूम पड़ता था।

पहले मैंने अपने कपड़ों के रहस्य को छिपाना चाहा। जिसमें मैं इन पतित येहो लोगों से अपने को सर्वथा भिन्न सिद्ध कर सकूँ। परंतु मुझे महसूस हुआ कि यह बात अब छिप नहीं सकती। इसके अलावा मैंने यह भी सोचा कि अब मेरे कपड़ों तथा जूतों की दशा भी खराब हो गयी है और मुझे किसी तरीके से 'येहो' या किसी अन्य जंगली जानवर की खाल का आश्रय लेना ही पड़ेगा और तब मेरा यह रहस्य सभी लोगों पर प्रगट हो जाएगा। अतः मैंने अपने मास्टर से बताया कि मैं जिस देश से आ रहा हूँ वहाँ के सभी लोग अपने शरीर को एक विशेष प्रकार के जानवर के बालों से बनाये गये वस्त्रों से ढँके रहते हैं। इन वस्त्रों को बारीक कारीगरी और सुंदर तरीके से बनाया जाता है। इसके अतिरिक्त इन कपड़ों के पहनने से जाड़े और गरमी की लगती है नहीं। यदि आज्ञा दे तो इस बात का सबूत भी मैं अभी आपको दे सकता हूँ। उस पर पहले मैंने अपने कोट के बटन खोले और उसे उतार लिया। इसी तरह मैंने वास्केट, जूते, मोजे और पायजामे को भी निकाल डाला। मैंने अपनी कमीज खोल डाली और करधनी की भाँति उसे कमर में बाँध लिया।

अत्यंत उत्सुकता और श्रद्धा के साथ मेरे मास्टर ने इस तमाशे को देखा। एक-एक करके उसने अपने खुर से मेरे सभी कपड़ों को उठाकर ध्यान से देखा। इसके बाद उसने मेरे शरीर का धीरे से स्पर्श किया और कई बार चारों ओर घूम-घूमकर देखा। इसके बाद उसने कहा कि मैं एक पूर्ण 'येहो' ही था। परंतु अपनी जाति के अन्य येहो लोगों की भाँति मैं न था। उन लोगों की अपेक्षा मैं अधिक कोमल और गोरा था तथा मेरी खाल मुलायम थी। पिछले पैरों के ऊपर सीधे चलने के कारण मैं इन लोगों से सर्वथा भिन्न था। इस बार वह और कुछ नहीं देखना चाहता था। मुझे आज्ञा दे दी कि मैं कपड़े पहन लूँ क्योंकि मैं ठंढ के कारण काँप रहा था।

मैंने अपने मास्टर से कहा कि मुझे 'येहो' नाम से बड़ी घबड़ाहट होने लगती है क्योंकि इस जीव से मुझे अत्यंत घृणा है। मैंने उससे प्रार्थना की कि मेरे लिये इस शब्द का प्रयोग न करें। उससे यह भी कहा कि वह अपने परिवार तथा

मित्रों से भी कह दे कि वह लोग मुझे येहो के नाम से न पुकारा करें। इसके अतिरिक्त मैंने उससे इस बात के लिये भी प्रार्थना की कि वह किसी दूसरे से मेरे कपड़े के रहस्य को उस समय तक न बतलाए जब तक कि मेरे मौजूदा कपड़े चलते रहें। जहाँ तक लाल भूरे टट्टू का प्रश्न था उसने जान लिया कि मास्टर स्वयं ही उस रहस्य को प्रकट न करने के लिये कहेंगे।

इन सब बातों को मेरे मास्टर ने दया करके मंजूर कर लिया। यह रहस्य उस समय तक न खुला जब तक कि मेरे कपड़े फटने न लगे। किस कपड़ों को मैंने तरह बदला, यह मैं पाठकों को आगे चलकर बतलाऊँगा। इसी समय उसने यह इच्छा प्रगट की थी कि मैं अपनी बुद्धि के द्वारा जितनी जल्दी हो सके उसकी भाषा सीख लूँ, क्योंकि शरीर के छोटे होते हुए भी मेरी वाक् शक्ति और बुद्धि पर उन्हें बड़ा आश्चर्य हो रहा था। इसके लिये अब इस बात का कोई महत्त्व नहीं रह गया था कि मेरे बराबर का है या नहीं। इसके अतिरिक्त वह मुझसे आश्चर्यजनक बातों के बारे में सुनने के लिये अधीर हो रहा था जिसे सुनाने के लिये मैंने उससे वायदा किया था।

इसके बाद ही उसने भाषा सिखाने का काम तेज कर दिया। वह मुझे सब लोगों के पास ले गया और उसने कहा कि वह मेरे साथ अच्छा व्यवहार करें। उसने इन लोगों से चुपके से बतला दिया कि यदि वे ऐसा ही करेंगे तो मैं अधिक प्रसन्न रहूँगा और इससे इन लोगों का और भी मनोरंजन होगा।

प्रतिदिन सीखने के बाद जब मैं खाली समय में उसके पास होता तो वह मेरे बारे में अक्सर सवाल पूछा करता। मैं उनका उत्तर अपनी क्षमता के अनुसार दिया करता था। इस तरह से उनको मेरे बारे में साधारणतः काफी ज्ञान हो गया था। फिर भी वह ज्ञान अत्यंत अपूर्ण था। यह बतलाना बहुत ही कठिन काम है कि मैंने किस तरह साफ बातचीत करके उन्नति प्राप्त की परंतु फिर भी मैंने पहले जो कुछ अपने बारे में उससे बतलाया उसका आशय नीचे लिखे अनुसार है।

मैंने उसे बतलाया कि मैं बहुत दूर देश से आया हूँ। मेरी जाति के करीब पचास व्यक्ति मेरे साथ थे। हम लोगों ने एक लकड़ी के बर्तन में समुद्र की यात्रा की। वह बर्तन मास्टर के घर से भी बड़ा था। मैंने जहाज के बारे में उसे बहुत अच्छी तरह समझाया। अलावा रूमाल से यह भी दिखाने का प्रयत्न किया कि वह समुद्र में किस तरह चलता था। झगड़ा हो जाने के कारण मुझे इस देश में

छोड़ दिया गया। वहाँ से मैं बगैर जाने कि मैं कहाँ जा रहा हूँ आगे बढ़ता गया। इसके बाद उसने मुझे घृणित 'येहो' के जाल से बचाया। उसने मुझसे पूछा कि जहाज को किसने बनाया और मेरे देश के हुइहन्हन्म लोगों ने किस तरह उसे जंगली जानवरों के सुपुर्द कर दिया। मैंने उत्तर दिया कि पहले मुझे वह इस बात का आश्वासन दे कि वह नाराज नहीं होगा तभी मैं आगे बढ़ सकता हूँ। इस बात से वह सहमत हो गया।

उसे विश्वास दिलाते हुए मैंने बतलाया कि मेरे जैसे आदमियों ने ही उस जहाज को बनाया था। जिन-जिन देशों की मैंने यात्रा की है और मेरे अपने देश में भी मेरी तरह के ही बुद्धिमान् और तर्कपूर्ण लोग राज्य करते हैं। यहाँ मुझे इस देश में आने पर यह देखकर अत्यंत आश्चर्य हुआ कि इस देश में हुइहन्हन्म लोग मनुष्यों की तरह इतने बुद्धिमान् होते हैं। उसे और उसके मित्रों को यहाँ कुछ बुद्धिवाले जानवर मिले, उन्होंने उसे येहो कहना प्रारंभ किया। मेरा रूप-रंग इन जीवों से काफ़ी मिलता-जुलता है; परंतु मैं इन जीवों के पतित और जंगली स्वभाव के बारे में कुछ भी नहीं बतला सकता। मैंने आगे कहा कि यदि सौभाग्य से मुझे स्वदेश जाने का अवसर प्राप्त हो तो मैं यहाँ की यात्रा के बारे में जो कुछ भी लिखूँगा उस पर कोई भी आदमी विश्वास न करेगा। (यह बात मैं उससे श्रद्धा और आदर के साथ ही कह रहा हूँ क्योंकि मैंने नाराज न हो जाने की प्रतिज्ञा पहले ही करा ली थी) मेरे देशवासी कभी-कभी इस बात को संभव नहीं मान सकते कि एक हुइहन्हन्म किसी देश का शासक हो और येहो जंगली जीव है।

4

मास्टर ने मेरी बातचीत को अत्यंत व्यग्रता के साथ सुना। इस देश के लोग शंका करने या विश्वास न करने की बात को बिल्कुल नहीं जानते थे। अतः कोई परिस्थिति आ जाने पर ये लोग नहीं जानते कि किस तरह कैसा व्यवहार करना चाहिए। मुझे याद है कि मास्टर को मैंने संसार के मनुष्यों की प्रकृति के बारे में बाज समय जब किसी झूठी बात को बतलाया तो उसकी समझ में कुछ भी नहीं

आता था। फिर भी अन्य बातों में वह बुद्धिमान् और चतुर था। बातचीत के द्वारा वह सब तरह की बात और किसी चीज के तथ्यों को समझ लेता था। अब यदि कोई उस चीज के बारे में कहता जो कि वास्तव में नहीं है तो उस बात का ध्येय ही नष्ट हो जाता क्योंकि हम उस गलत कही हुई चीज के बारे में जान ही नहीं पाते; और मैं उस चीज की जानकारी से बहुत दूर रह जाता हूँ और इस तरह मैं एक अज्ञानी आदमी से भी गया-गुजरा रह जाता हूँ। क्योंकि ऐसी परिस्थिति में मुझे काली को सफेद तथा सफेद को काला तथा लंबी को छोटा मानना पड़ता है। इसी तरह झूठ के बारे में उसने ऐसे विचारों को प्रगट किया जिसे संसार के सभ्य मनुष्य समझते और प्रयोग में लाते हैं।

इस असंभव बात को छोड़कर अब हमें आगे बढ़ना चाहिए। जब मैंने इस बात पर जोर दिया कि मेरे देश में केवल येहो लोग ही राज्य करते हैं तो उसने बतलाया कि यह बात उसके विचार में भी नहीं आ सकती। उसने यह जानने की इच्छा प्रगट की कि क्या मेरे देश में हुइहन्हन्म लोग पाये जाते हैं ? वे क्या काम करते हैं ? मैंने बतलाया कि मेरे देश में यह बहुतायत से पाये जाते हैं। गर्मियों में ये मैदानों में चरते है। जाड़ों में इनको घर के अंदर रखते हैं। इन्हें घास तथा जई खिलाई जाती है। इनकी खाल को रगड़ने, बालों में कंघी करने, उनके पैर उठाने, खाना देने के लिये और उनका विस्तर बनाने के लिये येहो नौकर रखा जाता है। मेरे मास्टर ने कहा, "मैं तुमको बहुत अच्छी तरह जानता हूँ। जो कुछ अब तक तुमने बतलाया है जिससे यह प्रगट है कि बुद्धि का चाहे जो भी अंश येहो लोग अपने पास होने का बहाना करें परंतु हुइन्हन्हन्म लोग तुम्हारे मास्टर हैं। मेरी हार्दिक अभिलाषा है कि हमारे येहो लोग भी इसी तरह प्रबंध करने योग्य बन जायें।"

मैंने उससे प्रार्थना की अब वह मुझे आगे और बतलाने के लिये क्षमा करें क्योंकि मुझे इस बात का पहले ही विश्वास था कि जो कुछ भी मैं वर्णन करूँगा इससे वह प्रसन्न अवश्य हो जाएगा। परंतु उसने आज्ञा दी कि उसे इस बारे में अच्छी-से-अच्छी और बुरी-से-बुरी बात भी मालूम हो जानी चाहिए। मैंने कहा कि उसकी आज्ञा का पालन किया जाएगा। मैंने उससे बतलाया कि हुइन्हन्हन्म लोगों को घोड़े के नाम से पुकारते हैं। यह जानवर हमारे देश में सभी जानवरों से अधिक शक्तिशाली और तेज होता है और यदि वे कहीं अच्छी नस्ल के हुए तो

उनको यात्रा करने, दौड़ाने या रथ खींचने के कामों में लाया जाता.है। इन लोगों के साथ सावधानी और दया का व्यवहार उस समय किया जाता है जब तक कि उनको कोई बीमारी न हो जाये या गिरने से टाँग न टूट जाए। परंतु इसके बाद इनको बेच दिया जाता है। जहां मरने तक इन्हें बहुत मेहनत गुलामी करनी पड़ती है। मरने के बाद इनकी लाश को कुत्ते और शिकारी चिड़ियाँ खा जाती हैं परंतु साधारण घोड़े इतने भाग्यशाली नहीं होते। इनको किसान और बोझा ढोने वाली निम्न श्रेणी के लोग रखते हैं। ये लोग इनसे काम बहुत लेते हैं और बहुत खराब खाना देते हैं।

मैंने उसे यह भी बतायां मैं किस तरह उन पर सवारी करता हूँ। लगाम, कांटी, ऐड लगाने, कोड़े, साज और पहियों के बारे में भी मैंने उसे बतलाया। मैंने उसे यह और बताया कि हम लोग कड़ी धातु (जिसे लोहा पुकारते हैं) के टुकड़े उनके पैरों के सिरे में लगा देते हैं जिससे उनके खुर पथरीली जमीन पर चलने से घिस न जाये। हम लोग अधिकतर पथरीली जमीन पर यात्रा करते हैं।

मेंरे मास्टर ने गुस्से मैं मुझसे कहा कि अत्यंत आश्चर्य की बात है जो हम लोगों का हुइहन्मनम की पीठ पर बैठने का साहस हुआ। उसे पूर्ण विश्वास था कि उसका कमजोर-से-कमजोर नौकर भी शक्तिशाली येहो को गिरा सकता है। और यही नहीं उसके ऊपर गिरकर एक येहो के प्राण तक ले सकता है । मैंने उत्तर दिया कि हम लोग घोड़ों को तीन-चार वर्ष की अवस्था से उचित काम की शिक्षा देना प्रारंभ कर देते हैं। यदि उनमें कोई बहुत शैतान होता है तो हम लोग उसे गाड़ी में जोत देते हैं। बचपन से ही उनकी शरारत भरी चालाकियों के लिये पीटा जाता है। दंड और पारितोषिक का इनको बड़ा ध्यान रहता है परंतु मैं आपको यह बताना चाहता हूँ कि उन जानवरों में यहाँ के येहो लोगों की भाँति जरा भी बुद्धि नहीं होती है।

मास्टर को इन सब बातों का ठीक मतलब समझाने में मुझे बहुत तकलीफ हुई। क्योंकि उन लोगों की भाषा में शब्दों की बहुत कमी थी। इसके अतिरिक्त उनकी आवश्यकताएँ और भावनाएँ हम लोगों से बहुत कम थीं। परंतु हुइहन्हन्म जाति के ऊपर हम लोगों के इस प्रकार के जंगली व्यवहार के लिये वह बहुत नाराज था। इस अनाराजी का वर्णन मैं नहीं कर सकता। उसने कहा कि यदि यह असंभव है कि कोई ऐसा भी देश हो जहाँ केवल येहो ही बुद्धिमान् हों तो यह

निश्चित है कि वे लोग अवश्य वहाँ राज्य करेंगे। इसका कारण यह है कि पाशविक शक्ति की तुलना में बुद्धि की जीत होती है। परंतु मेरे शरीर को देखकर उसने विचार किया कि मेरे जैसे दुबले-पतले शरीर वाले लोग दैनिक जीवन के कार्यों में बुद्धि का उपयोग कैसे करते होंगे इसीलिये उसने मुझसे यह जानने की इच्छा प्रकट की कि मेरे देश में रहनेवाले लोग मेरी तरह के हैं या उसके देश के येहो लोगों की भाँति हैं।

मैंने उसे विश्वास दिलाया कि मेरी उम्र के लोग इसी प्रकार से होते हैं जैसा कि मैं हूँ परंतु छोटे लड़के और औरतें अधिक कोमल और सुकुमार होते हैं। साधारणतः औरतों की चमड़ी तो दूध की भाँति सफेद होती है। उसने कहा कि वास्तव में मैं दूसरे येहो लोगों से काफी भिन्न था क्योंकि उन लोगों से मैं काफी साफ था और मेरी शक्ल भी इतनी खराब नहीं थी। परंतु जहाँ तक येहो लोगों की सुविधाओं को सवाल है मैं उन लोगों से काफी भिन्न था। मेरे पिछले और अगले पैरों को वह पैर मानते थे। क्योंकि वह कभी भी इन पैरों पर चलता ही न था। उसने कहा कि यह इतने मुलायम हैं कि इनसे जमीन का स्पर्श भी नहीं किया जा सकता और मैं साधारणतया इनको ढँक भी लेता हूँ तो इनको ढँकने वाली चीज इतनी मजबूत नहीं होती है। जितनी कि मेरे पिछले पैरों को ढँकने वाली है।

उसने यह भी कहा था कि मैं सुरक्षित रूप से चल भी नहीं सकता क्योंकि यदि मेरा कोई पिछला पैर बाँधे तो मैं बिना गिरे किसी तरह बच नहीं सकता हूँ। इसके बाद मैंने उसका शरीर के अन्य अंगों के बारे में बतलाया। उसका कहना था कि मेरा चेहरा काफी चौड़ा था और नाक भी लंबी है। मेरी आँखें बिल्कुल [illegible] में हैं और इस कारण बिना सिर हिलाए मैं इधर-उधर देख भी नहीं कर सकता। उसने यह भी कहा था कि बिना अगले पैर के मुँह में डाले मैं अपने आप खाना खाने के योग्य भी नहीं हूँ और इसीलिये प्रकृति ने मेरे शरीर में इन जड़ों को लगाकर मेरी कमी को दूर कर दिया है। वह इस बात को न जान पाया था कि मेरे पिछले पैर के सिरे इतने कटे और अलग-अलग क्यों हैं तथा इनसे क्या लाभ है। ये इतने कोमल है कि पत्थरों की नोकों और कठोरता से बचने के लिये उन्हें ढँका जाये और जानवर की खाल का प्रयोग किया जाये।

मेरे शरीर को सर्दी और गर्मी के बचाने के लिये एक आड़ होनी चाहिए क्योंकि रोज कपड़े पहनने और उतारने में मुझे काफी तकलीफ और मेहनत करनी पड़ती है। अंतः अपनी रक्षा करने के लिये यह बहुत जरूरी है। अंत में उसने यह कहा कि उसने देखा था कि उसके देश के प्रत्येक जानवर प्राकृतिक रूप से 'येहो' लोगों से घृणा करते हैं। कमजोर जानवर तो इन लोागें से बचते हैं और ताकतवर जानवर इनको अपने पास से भगा देते हैं। हम लोगों के सुंदर बुद्धि होने का विचार करके उसने आश्चर्य प्रगट किया कि किस तरह मेरे देश के घोड़ों ने येहो लोगों के प्रति अपनी प्राकृतिक घृणा को छोड़ दिया है। यह घृणा उसके यहाँ प्रत्येक जीव के अंदर मौजूद थी। उसे यह भी असंभव लगता है कि हम लोग घोड़ों को कैसे पालतू बनाकर उनसे काम लेते हैं। फिर भी अंत में उसने यह कहा कि वह इस मामले में अधिक वाद-विवाद नहीं करेगा क्योंकि उसे मेरी कहानी जानने की तीव्र अभिलाषा थी। वह मेरी जन्मभूमि और इस देश में आने से पूर्व मेरे जीवन की घटनाओं के बारे में और अधिक जानना चाहता था।

मैंने उसे विश्वास दिलाया था कि यह मेरी उत्कट अभिलाषा है कि मेरी बताई हुई प्रत्येक बात पर उसे पूर्ण भरोसा हो जाये। परंतु मुझे शंका थी कि क्या मैं कुछ बातों के बारे में उसे समझा सकूँगा जिसके बारे में उसे कुछ भी न मालूम हो क्योंकि इन वस्तुओं का इस देश में अभाव था। फिर भी मैंने तय कर लिया कि अपनी ओर से मैं किसी बात की कसर न उठा रखूँगा। समानता तथा उपायों के द्वारा अपने विचारों को प्रगट करूँ। इस काम में सहायता के लिये मैंने अपने मास्टर से नम्रतापूर्वक प्रार्थना की। उसने प्रसन्न होकर इस बात का वायदा कर लिया था कि जब मुझे उचित शब्दों की कमी मालूम होगी तो वह मेरी सहायता करेगा।

मैंने उसे बताया कि मेरे माता-पिता ईमानदार हैं। मेरा जन्म इंग्लैंड नामक एक दूर देश में हुआ है। वहाँ की यात्रा करने में उतने ही दिन लगेंगे जितने मास्टर के सबसे तेज घोड़े को सूर्य की वार्षिक परिक्रमा करने में। मैंने उससे कहा कि मुझे डॉक्टरी विद्या पढ़ाई गयी है। मेरा काम दुर्घटना या लड़ाई-झगड़े में लगी चोटों का ठीक करना है। मेरे देश में एक और येहो राज्य करती है ज़िसको हम लोग रानी के नाम से पुकारते हैं। मैंने अपना देश इसी कारण छोंड़ा कि दूसरे देशों से धन लाकर अपना तथा अपने परिवारवालों का भरण-पोषण करूँ।

पिछली यात्रा में मैं जहाज का कमांडर था और मेरे साथ पचास येहो भी काम करते थे। इनमें से बहुत येहो समुद्र में मर गये अतः मजबूरी में मुझे दूसरे देश के लोगों को भरती करना पड़ा। तूफान तथा चट्टान से टकरा जाने पर दो बार मेरा जहाज समुद्र में डूबने से बाल-बाल बच गया।

यहाँ मास्टर ने टोकर पूछा कि मैंने दूसरे देश के दोनों लोगों को अपने साथ काम करने के लिये कैसे राजी कर लिया जबकि मैं इतना नुकसान और संकट उठा चुका था। मैंने उसे बताया कि वे सब लोग अभागे थे। गरीबी और जुर्म करने के कारण इन लोगों को अपने देश से भागना पड़ा और ऐसी स्थिति में रोजी कमाने के लिये इन लोगों को दूसरी जगह जाने की आवश्यकता पड़ी।

इस वार्त्तालाप के बीच मास्टर ने मुझे कई बार टोका। मैंने उसे बेहद घुमा-फिराकर समझाने का प्रयत्न किया कि अपराधों के कारण मेरे जहाज के नौकर अपना देश छोड़ देते हैं। इस बात को उसे समझाने के लिये मुझे कई दिन बातचीत करनी पड़ी। इन अपराधों के परिणामों को जानकर उसे बेहद दुख हुआ। इसी बात को साफ करने के लिये मैंने उसे धन संपति की लालसा, वासना के परिणामों, मद्यपान और ईर्ष्या-द्वेष के बारे में बतलाया। इन सब बातों को समझाने के लिये मुझे कल्पित घटनाओं और कहानियों का सहारा लेना पड़ा था। मेरा मास्टर इन सब बातों को सुनकर आश्चर्य से आँखें ऊपर उठाता था और रोष प्रकट करता था। ऐसा मालूम हो रहा था कि वह ऐसी बातें सुन रहा है जिसके बारे में न तो कभी देखा ही है और न सुना है।

शक्ति, सरकार, युद्ध, नियम, दंड आदि हजारों ऐसी बातें थीं जिनको बताने के लिये उनकी भाषा में शब्द नहीं थे। इस कारण मुझे यह असंभव प्रतीत होता था कि मैं सभी बातें अपने मास्टर को समझाऊँ। परंतु अच्छा दिमाग और विचारशील होने के कारण अंत में उसकी समझ में आ गया। उसे मालूम हो गया कि हमारे देश के निवासियों का स्वभाव कैसा है। उसने उन्हें पसंद भी किया। उसने यह इच्छा प्रगट की कि मैं यूरोप का विशेष हाल बतलाऊँ, विशेष रूप से अपने देश का।

5

पाठकगण देखेंगे कि मास्टर से जो कुछ भी ऐसी बातचीत हुई थी उसी की खास-खास बातें मैंने लिखी हैं। दो वर्ष में कई बार इस तरह की बातचीत हुई थी। जैसे ही मैं हुइन्हन्हन्म देश की भाषा समझता जाता मेरे मास्टर को अधिक संतोष होता जाता था। मैंने उससे जहाँ तक हो सका योरोप की दशा के बारे में सब कुछ बतलाया। कला, विज्ञान, व्यापार और दूसरी चीजों के बारे में भी बतलाया। कई विषयों पर बातचीत करते समय उसने मुझसे विभिन्न प्रश्न किये। यदि मैं उन सब प्रश्नों और उत्तरों को बतलाने लगूँ तो वह खत्म ही न होंगे। परंतु मैं यहाँ इस बातचीत का सारांश दूँगा। इन सब बातों को बतलाने में दूसरी घटनाओं और समय पर ध्यान नहीं दिया गया। परंतु मैंने सत्य को पूर्णरूप से निभाया है। मैं इस बात पर विशेष ध्यान देना चाहता हूँ कि मास्टर की बातों और तर्क के साथ मैं न्याय करता हूँ क्योंकि उनकी बातों को प्रकट करने की शक्ति मुझमें न थी। इसके अतिरिक्त अंग्रेजी भाषा में इसका अनुवाद करना भी कठिन है।

अपने मास्टर की आज्ञा शिरोधार्य करके मैंने उसे पहले उस विद्रोह के बारे में बतलाया जो प्रिंस आफ आरेंज के नेतृत्व में हुआ था। इस प्रिंस ने ही फ्रांस के विरुद्ध लंबा युद्ध लड़ा था। उसकी उत्तराधिकारणी वर्तमान महारानी के समय भी वही युद्ध चल रहा है। इस युद्ध में ईसाई धर्म की महान् शक्तियों ने भाग लिया था और अब वह इसमें सम्मलित हैं। उनकी प्रार्थना पर मैंने गणना करके बतलाया कि इसमें करीब एक करोड़ येहो लोग मारे गये। सौ से अधिक नगर छीन लिये गये और इससे पाँच गुना जहाज डुबोए या जला दिये गये।

मास्टर ने मुझसे पूछा कि किन कारणों या प्रवृत्तियों से एक देश दूसरे देश के विरुद्ध युद्ध करता है। मैंने उत्तर दिया कि इसके अगणित कारण हैं। परंतु मैं कुछ मुख्य कारणों के बारे में बतलाऊँगा। कभी राजाओं की इस आकांक्षा के कारण कि उनके पास राज्य करने के लिये भूमि और मनुष्यों की कमी है, अक्सर युद्ध हुआ करते हैं। कभी-कभी मंत्री लोग अपने राज्य को युद्ध में व्यस्त रख कर प्रजा का ध्यान दोषपूर्ण शासन और प्रबंध की ओर से हटाने के लिए युद्ध करवा देते हैं। करोड़ों मनुष्य विभिन्न विचारों के होने के कारण मार डाले जाते हैं।

जीवन के लिये रोटी आवश्यक है या माँस ? फल का रस शराब है या रक्त। सीटी बजाना गुण है या अवगुण। खंभे को चूमना अच्छा है या आग में फेंक देना। कोट के लिये कौन सा रंग अच्छा है काला, सफेद लाल या भूरा ? लंबा होना चाहिए या छोटा ? तंग या ढीला, गंदा या साफ ? इसी भाँति के अनेक वभिन्न विचार होने के कारण ये आपस में झगड़ा करते हैं। विभिन्न मतों और विचारों के कारण कुछ होते हैं जो बहुत दिनों तक चलते हैं। इन भयानक युद्धों में रक्तपात होता है। विशेषकर यदि विरोधी वस्तुओं के लिये युद्ध छिड़ता है तो वह अत्यंत भयानक होता है और उसमें भीषण रक्तपात भी होता हैं।

कभी-कभी दो राजा उस तीसरे राज्य को हड़पने के लिये आपस में लड़ते है। जिस पर किसी का भी हक नहीं होता। कभी एक राजा दूसरे राजा से उस भय के कारण युद्ध करता है कि वह कहीं उससे लड़ न पड़े। शत्रु के अधिक शक्तिशाली और अत्यंत कमजोर होने पर भी कभी-कभी युद्ध छिड़ जाते हैं। कभी हमारे पड़ोसी हमारी चीजें लेने की इच्छा करते हैं और कभी हम अपनी आवश्यकता की चीजें लेना चाहते हैं। हम दोनों आपस में उस समय तक लड़ा करते हैं जब कि वे हमारी चीज न ले लें या हम उनकी। प्लेग फैलाने या अकाल पड़ने के कारण जब प्रजा तबाह हो जाये या आपसी लड़ाई की शोचनीय दशा में देश पर आक्रमण करना अत्यंत मानवोचित माना जाता है। अपने मित्र देश से भी युद्ध करके उस नगर को ले लेना चाहिए जो हमारे लिये सुविधाजनक हो। उसकी उस भूमि या क्षेत्र को ले लेना चाहिए जिससे हमारा राज्य सुरक्षित और सुविधाजनक हो जाये।

यदि एक राजा अपनी फौजों को ऐसे देश में भेजता है जहाँ के लोग गरीब और अज्ञानी हैं तो वहाँ के आधे लोगों को मौत के घाट उतारकर शेष को गुलाम बनाना न्यायोचित है। वह यहाँ के लोगों को सभ्य बनाने के लिये ऐसा कर सकता है। लोगों के लिये अब कभी कोई राजा आक्रमण के समय दूसरे राजा की सहायता माँगता है तो वह उनके पास जाकर आक्रमणकारी को भगा देता है और स्वयं उस राज्य को अधिकार में करके वहाँ के राजा को मार डालता है या कैद कर लेता है या देश से निकाल देता है। अधिकतर राजा इसी तरीके को अपनाते हैं। विवाह या रक्त के द्वारा की गयी संधि के कारण भी युद्ध होते हैं। जितना

ही जो नजदीकी होता है उससे उतना ही अधिक झगड़ा होता है। बेचारे गरीब देश भूखे हैं और धनवान देश घमंडी हैं। घमंड और भूख में सदैव विरोध रहता है। इन्हीं सब कारणों से सैनिक का पेशा अन्य पेशों में अच्छा और आदरणीय माना जाता है। सैनिक किराये का नौकर होता है जो अपनी ही जाति के उन लोगों को मारने के लिये तैयार हो जाता है जिनसे उसे कोई शिकायत नहीं है।

इसी तरह यूरोप में कुछ राजा भिखारियों की तरह हैं जो स्वयं युद्ध करने में असमर्थ हैं। परंतु वे अपनी फौज धनवान देशों को किराये पर दे देते हैं। किराये का तीन चौथाई हिस्सा वे अपने पास रख लेते हैं और इसी धन से उनका काम चलता है इस तरह के कई राजा यूरोप के उत्तरी देशों में है।*

मास्टर ने मुझसे कहा कि मैंने युद्ध के बारें में जो कुछ बतलाया है, वह सब हम लोगों की बुद्धि का परिणाम है जिसके होने का दावा हम लोग करते हैं। यह खुशी की बात है कि शर्म भय से अच्छी बात है। प्रकृति ने तुम लोगों को अधिक शरारत करने योग्य नहीं बनाया है क्योंकि तुम्हारे मुँह चौड़े होते हैं और इसलिये तुम लोग बिना मर्जी के एक-दूसरे को आसानी से काट नहीं सकते। इसके अलावा तुम्हारे पैरों के पंजे इतने छोटे और मुलायम हैं कि हमारा एक येहो तुम्हारे जैसे दर्जन भर येहो को भगा देगा अतः युद्ध में मरनेवालों की संख्या जो तुमने बतलाई है मेरे विचार से सही नहीं है।

मैं उसकी अज्ञानता पर धीरे से मुस्कुराकर सिर हिलाने के अलावा कुछ न कर सका। मेरे लिये युद्ध कला कोई नयी चीज न थी और मैंने उससे तोपों, बंदूकों, पिस्तौल, गोलियों, बारूद, तलवारों तथा संगीनों के बारे में बतलाया। घेरा डालना, आक्रमण करना, बम बरसाना, समुद्री लड़ाई, सुरंगों, युद्ध के छल-कपटों आदि के बारे में भी मैंने उसे बतलाया। युद्ध के भीषण दृश्यों का वर्णन करते हुए मैंने उसे बतलाया कि उस युद्ध में बीस हजार येहो दोनों ओर मरे थे। हवा में इधर-उधर येहो लोगों के कटे अंग उड़ रहे थे। घायल भीषण चीत्कार कर रहे थे। चारों ओर कोलाहल और हलचल मची थी। घोड़ों की टापों से येहो कुचले जा रहे

---

* इस तरह के भिखमंगे राजा स्विफ्ट के समय तक मौजूद थे। जो अपनी प्रजा को बेचकर धन कमाते थे। अमीरों के स्वतंत्रता युद्ध के विरुद्ध इंग्लैंड ने जर्मनी की फौज को किराये पर लिया था। प्रशा का राजा फ्रेड्रिक इससे घृणा करता था और जो भी इस तरह की फौज उसके देश से निकलती थी उस पर जानवरोंवाला करे लगाता था।

थे। कहीं भगदड़ मची थी तो कहीं विजय के नारे लग रहे थे। लड़ाई के मैदान में चारों ओर लाशें बिछ गयी थीं। भेड़िए, कुत्ते, और शिकारी चिड़ियाँ मांस नोच-नोचकर खा रहे थे। चारों ओर लूट-मार, आगजनी और सर्वनाश के दृश्य दिखाई पड़ रहे थे। अपने मास्टर का उत्साह बढ़ाने के लिये उसे विश्वास दिलाया कि मैंने एक घेरे में सैकड़ों दुश्मनों को मरते देखा है। इससे अधिक शत्रु दुश्मनों का नाश मैंने एक जहाज में देखा है। मैंने सैकड़ों आदमियों को बादल से नीचे गिरते देखा था जिसे देखकर लोग अचंभे में आ गये थे।

मैं और अधिक बातों को बताने ही जा रहा था कि मास्टर ने मुझे शांत हो जाने की आज्ञा दी। उसने कहा कि जो भी आदमी येहो लोगों के स्वभाव को जान जाता है वह आसानी से मेरी बताई हुई सभी बातों को कर सकता है। यदि उन लोगों की ताकत और चालाकी द्वेष के बरबार ही हो। परंतु मेरी बातों से येहो लोगों के प्रति उसकी घृणा बढ़ती जा रही थी और उसका क्रोध धीरे-धीरे बढ़ने लगा। इससे पहले मैंने उसे कभी भी इस दशा में नहीं देखा था। उसने विचार किया कि अब उसके कान इन सब बातों को सुनने के आदी हो गये हैं और अब उसकी घृणा भी कम होने लगी है। यद्यपि उनको यहाँ के येहो लोगों से घृणा है, परंतु वह इन लोगों को ग्ने शिकारी चिड़ियों से अधिक घृणा करता है, जो कठोरता के लिये प्रसिद्ध हैं।

परंतु जब एक जीवधारी होने का बहाना करके इतने घोर कुकर्म कर सकते है, तो उसे भय था कि उनका यह भ्रष्टाचार कठोर से भी अधिक खराब होगा। उसे इस बात का विश्वास था कि बजाय तर्क और ज्ञान के हम लोगों में एक ऐसी विशेषता है जिसके कारण हमारे अवगुण उस तरह बढ़ जाते हैं जैसे हिलते हुए चश्में में बुरी शक्ल केवल बड़ी ही नहीं वरन् और बदसूरत दिखाई पड़ने लगती है।

उसने कहा कि बातचीत में युद्ध के बारे में वह बहुत कुछ सुन चुका है। यह दूसरी बात भी उसे परेशान कर रही थी। मैंने उसे बताया था कि कुछ आदमियों को अपनी जन्मभूमि कानून के कारण छोड़ देनी पड़ी। इसके बारे में मैंने उसे पहले ही बतला दिया था; परंतु उसे यह जानकर अत्यंत दुख हुआ कि कानून आदमी को बरबाद कर सकता है। जबकि वे इसलिये बनाये जाते हैं कि उनसे आदमी की रक्षा हो। इसलिये उसने दुबारा इच्छा की कि मैं उसे कानून का

अर्थ और उसको बनानेवालों के बारे में काफी बातें बतलाऊँ। उसका विचार था कि ऐसे आदमी जो योग्य और बुद्धिमान् होने का दावा करते हैं प्रकृति और तर्क भी उन्हें सहायता देती है। उसे ज्ञान हो जाता है कि उसे क्या करना चाहिए और क्या नहीं।

मैंने उसे विश्वास दिलाया कि कानून भी एक विज्ञान है। इसके बारे मे मैंने अभी अधिक बातचीत नहीं की है। मेरे ऊपर किये गये अत्याचारों के लिये मैंने कुछ वकीलों को नियुक्त किया परंतु इसको कुछ भी लाभ नहीं हुआ। फिर भी मैंने उसे कानून के बारे में जानकारी देने का वायदा किया।

मैंने कहा कि हम लोगों के बीच एक ऐसा वर्ग है जिसके सदस्य अपने युवा काल में ही शब्दों के विभिन्न अर्थ लगाने का काम करने लगते हैं। अपने वेतन या पारिश्रमिक के अनुसार वे लोग काले को सफेद और सफेद को काला साबित कर देते हैं। समाज के दूसरे लोग इस वर्ग के गुलाम होते हैं। उदाहरण के लिये यदि मेरा पड़ोसी मेरी गाय लेना चाहता है तो यह गाय लेने के लिये एक वकील तय करेगा और मुझे अपने अधिकार की रक्षा करने के लिये भी वकील करना पड़ेगा। मेरे यहाँ किसी भी आदमी को अपनी बात खुद कहने का कानूनी अधिकार नहीं है। अब इस मामले में असली मालिक के संबंध में दो बड़ी कठिनाई आती हैं। पहली कठिनाई यह है कि मेरे वकील को बचपन से ही झूठी बातें सत्य सिद्ध करने का अभ्यास है, जिसके कारण जब कोई न्याय करने का मौका उनके सामने आता है तो उनकी दशा विचित्र हो जाती है। द्वेष भाव से नहीं वरन् अत्यंत व्यग्रता से वे अपना काम शुरू करते हैं। इसमें मेरे वकील का दोष नहीं है बल्कि यह उन लोगों के पद की विशेषता है। कठिनाई यह है कि वकील को अत्यंत सावधानी से काम करना चाहिए, नहीं तो उसे जजों की झिड़कियाँ सुननी पड़ती हैं। दूसरे वकील लोग उसे घृणा करके सोचने लगते हैं कि ऐसे लोगों के ही कारण वकालत का पेशा गिर गया है।

अतः अपनी गाय को कब्जे में रखने के लिये मेरे पास दो ही तरीके रह जात हैं। पहला यह है कि मैं अपने प्रतिवादी के वकील को दुगनी फीस देकर अपने पक्ष में कर लूँ। मेरे ऐसा करने पर वह अपने मुवक्किल के साथ विश्वासधात करेगा और कि वह कहेगा उसके साथ नहीं है। दूसरा तरीका यह है कि मेरा वकील कहेगा कि गाय पड़ोसी की है और मेरा मुकदमा झूठा है। यदि

यह सब काम को चतुरता से कर पायेगा तो उसे अदालत की कृपा अवश्य प्राप्त हो जाएगी। अपने मास्टर घोड़े की ओर देखकर मैंने कहा कि श्रीमान् जी को मालूम होना चाहिए कि इन जज लोगों को दीवानी और फौजदारी दोनों तरह के मुकदमों को सुनने का अधिकार रहता है। बुड्ढे और काहिल वकीलों में से इन जजों का चुनाव होता है। सारी जिंदगी ये लोग सच्चाई और समानता के विरुद्ध काम करते हैं। हमेशा जाल-फरेब, झूठी कसमों के द्वारा लोगों को सताते रहते हैं। मैं कुछ ऐसे जजों को जानता हूँ जिन्होंने उन लोगों से लंबी घूस लेने से इनकार कर दिया जिनके साथ कानून था। परंतु घूस लेकर ऐसे काम किये जो उनके पद और न्याय के बिल्कुल विरुद्ध थे।

इन वकीलों में एक सिद्धांत यह है कि जो कुछ पहले किया जा चुका है उसे दुबारा फिर कानून द्वारा किया जा सकता है। इसलिये पहले के सभी निर्णयों को लिख लिया जाता है। विशेषतः साधारण न्याय और मानवी ज्ञान के विपरीत निर्णयों को ये लोग सावधानी के साथ लिख लेते हैं। इन निर्णयों को प्रमाणों के नाम से पुकारा जाता है। अधार्मिक तथा अन्यायपूर्ण बातों को सिद्ध करने के लिये इन प्रमाणों का सहारा लिया जाता है। जज लोग कभी भी इन प्रमाणों की उपेक्षा नहीं करते हैं।

अदालत में बहस करते समय ये लोग हमेशा मुकदमे की मुख्य बातों से दूर रहते हैं। परंतु बड़े जोरों के साथ उन घटनाओं और बातों पर जोर देते हैं, जिनका मुकदमे से कोई संबंध नहीं रहता। उदाहरण के लिये ऊपर मुकदमे में यह जानने का प्रयत्न कभी नहीं करते कि मेरी गाय पर प्रतिवादी का क्या हक है। परंतु यह पूछेंगे कि यह गाय लाल है या काली। उसके सींग लंबे हैं या छोटे या जिस खेत में गाय चराता था वह गोल है या चौकोर। यहाँ की पली है या विदेशी और उसे कौन सी बीमारी है। इसी तरह के और भी सवाल पूछते हैं। इसके बाद ये लोग प्रमाणों का अध्ययन करते हैं। समय-समय पर पेशी बढ़ाया करते हैं और दस-बीस वर्षों में फैसले होते हैं।

इसी तरह इस बात का भी ध्यान रखना चाहिए कि इन लोगों की अपनी एक विशेष भाषा होती है जिसे दूसरा आदमी समझ ही नहीं सकता। इसी भाषा में इन लोगों के सभी कानून लिखे जाते हैं। इन्हें बढ़ाने के लिये विशेष ध्यान रखते हैं। इन्हीं कानूनों में इन लोगों ने सत्य और असत्य तथा उचित और

अनुचित का सारांश भर दिया है। कानूनों के द्वारा यह तय करने में तीस वर्ष लग जाते हैं कि पूर्वजों द्वारा छोड़ा गया खेत मेरा है या तीन सौ मील दूर के किसी अनजान आदमी का।

राज्य विरुद्ध अपराध करनेवालों का मुकदमा छोटा और प्रशंसा के योग्य होता है। पहले जज उत्तराधिकारी लोगों के पास उनकी राय के लिये मुकदमा भेजता है। इसके बाद आसानी से यह किसी भी अपराधी को फाँसी दे सकता है या छोड़ सकता है परंतु यह काम यह कानून के अनुसार ही करता है।

यहाँ मेरे मास्टर ने हस्तक्षेप किया और कहा कि यह दुख की बात है कि इस तरह की प्रतिभा पा कर भी ये वकील लोग दूसरों को ज्ञान और बुद्धिमत्ता की शिक्षा क्यों नहीं देते हैं। इसका उत्तर देते हुए मैंने मास्टर को विश्वास दिलाया कि अपने पेशे के अलावा दूसरी बातों में ये लोग अज्ञानी और मूर्ख होते हैं। साधारण बातचीत में वे लोग कुशल नहीं होते। ज्ञान और विद्वत्ता के शत्रुओं का वे सदैव स्वागत करते हैं। अपने पेशे की भाँति वकील लोग दूसरे विषयों में भी मनुष्य की तर्क शक्ति को दूषित करने का प्रयत्न करते हैं।

6

मेरे मास्टर की समझ में यह नहीं आया कि वकील दूसरों के मामले में क्यों हस्तक्षेप करते हैं। खुद परेशान होते हैं और दूसरों को भी लड़वाते हैं। अन्यायी लोगों का ऐसा संगठन क्यों बना रखा गया है जो अपने ही भाइयों के हितों की उपेक्षा करते हैं। यह भी न समझ पाया कि वकील मेहनताने के लिये ऐसा ही करते हैं। इस पर मैंने बड़ी कठिनाई से अपने मास्टर को पैसे के उपयोग के बारे में बताया। यह भी बताया कि धन या रुपया-पैसा किस धातु से बनता है और इस धातु का क्या महत्त्व है। जब किसी येहो के पास यह धातु काफी मात्रा में हो जाती है तो वह इस योग्य हो जाता है कि इच्छानुसार सुंदर कपड़े, शानदार मकान, भूमि के बड़े मैदान और अमूल्य खाने-पीने का सामान प्राप्त कर लें। अतः जब यह मालूम हो गया कि केवल धन के द्वारा इन सुखों का उपभोग किया जा सकता है तो येहो लोगों ने सोचा कि उसके पास बचाने या खर्च करने के

लिये काफी धन एकत्र ही नहीं हो सकता क्योंकि प्रकृति ने जन्म से ही उन्हें फिजूलखर्ची या लालची बनाया है। अमीर गरीबों की मेहनत का मजाक उड़ाते हैं। हजार गरीब में एक अमीर आदमी का अनुपात है। हम लोगों को अधिकतर रोज कड़ी मेहनत करके मुश्किल से अपनी रोटी चलानी पड़ती है जब कि उसी कमाई का अनुचित लाभ उठाकर कुछ लोग आनंद उठाते रहते हैं।

इस विषय पर तथा अन्य बातों के बारे में अपने मास्टर से मैंने काफी बातचीत की; परंतु उसकी समझ में कुछ नहीं आया। उसने पहले से ही यह धारणा बना ली कि संसार की सभी वस्तुओं में सब लोगों का बराबर हिस्सा है; और उन लोगों का विशेष ध्यान रखा जाये जो शेष लोगों पर राज्य करते हैं। अतः उसने पूछा कि इन कीमती भोजनों का क्या अर्थ है और क्यों लोगों को इसकी इच्छा होती हैं? इस पर मैंने उसे विभिन्न प्रकार के भोजनों और उनके सजाने का तरीका बताया। मैंने उससे कहा कि इन अमूल्य खाद्य तथा पेय पदार्थों तथा सुविधा की अन्य वस्तुओं के लिये संसार के सभी भागों में जहाज भेजे जाते हैं। एक सुंदर येहो स्त्री के नाश्ते या चाय के लिये सारी दुनिया की कम-से-कम तीन चक्कर लगाते हैं। इस पर उसने कहा कि उस देश की दशा अत्यंत शोचनीय है जो अपने निवासियों के लिये भोजन तक का प्रबंध नहीं कर पाता।

परंतु सबसे अधिक आश्चर्य तो इस बात का हुआ कि इतने बड़े देश में पीने के पानी का अभाव है और लोगों को मजबूर होकर बाहर से उसे मँगाना पड़ता है। मैंने उत्तर दिया कि मेरी प्यारी जन्मभूमि इंग्लैंड में निवासियों की आवश्यकता से तीन गुना अधिक अन्न पैदा होता है। अनाज से शराब निकाली जाती है इसके अलावा कुछ फलों से भी सुंदर और स्वादिष्ट शराब बनती है। इस अनुपात से दैनिक आवश्यकता और सुविधा की अन्य वस्तुएँ भी इंग्लैंड मैं तैयार होती हैं परंतु यहाँ के निवासियों की विलासी तथा असंयम के जीवन से और औरतों के अहंकार को पूरा करने के लिये हम लोग अपनी आवश्यकता की अधिकांश चीजों को दूसरे देशों को भेज देते हैं। इसके फलस्वरूप हम लोग बीमारियाँ फैलानेवाली वस्तुएँ खरीदते हैं और अपने पतित करनेवाले अवगुणों तथा अज्ञानता को आमंत्रित करते हैं।

मैंने उसे बताया कि दूसरे देशों से शराब इसलिये नहीं मँगाई जाती है कि हमारे देश में पानी या दूसरे पेय पदार्थों की कमी है वरन् यह एक प्रकार का तरल

पदार्थ है जिसके पीने से आदमी मस्त हो जाता है। निराशा तथा दुख के विचार मिनटों में हवा हो जाते हैं। दिमाग में ताजगी आ जाती है और आदमी कल्पनाशील हो जाता है। डर दूर भाग जाता है और आशा तथा उत्साह लहरें मारने लगती हैं। कुछ समय के लिये बुद्धि भी कुंठित हो जाती है। अंगों का संचालन तथा प्रयोग भी उस समय तक भूले रहते हैं जब तक कि वे एक अच्छी नींद नहीं ले लेते। यह सब होते हुए भी यह बात स्वीकार करनी पड़ती है कि नींद से उठने पर अपने को निरुत्साही और बीमार सा अनुभव करते हैं। इसका प्रयोग करने से अनेक बीमारियाँ हो जाती हैं जिससे जीवन छोटा और दुखदायी हो जाता है।

परंतु इतना होते हुए भी हम लोगों में अधिकांश व्यक्ति अपना जीवन-यापन करते हुए अमीर लोगों के लिये विलासिता और दूसरी आवश्यकताओं की पूर्ति करते हैं। उदारहण के लिये मैं अपने घर में हूँ और अच्छे कपड़े पहने हूँ। सैकड़ों व्यापारियों के परिश्रम और कारीगरी के फलस्वरूप मुझे ये कपड़े प्राप्त होते हैं। मकान बनवाने तथा लकड़ी का सामान एकत्र करने में मुझे इससे भी अधिक आदमियों का सहयोग लेना पड़ता है। अपनी स्त्री को सजाने के लिये पाँच गुना अधिक कारीगरों का सहारा लेना पड़ता है।

अब मैं इसे दूसरे तरह के लोगों के बारे में परिचय देने जा रहा था जो बीमारों की सेवा करके अपना जीवनयापन करते हैं। मैंने महाराज को पहले ही बात दिया था कि मेरे जहाज के बहुत से आदमी बीमारी के कारण मर चुके थे। मुझे मास्टर को बीमारी का मतलब समझाने में बहुत कठिनाई हुई। वह यह आसानी से सोच सकता था कि मरने के कुछ दिन पहले एक हुइहन्हन्म कमजोर और भारी हो जाता है या किसी दुर्घटना के कारण उसका अंग भंग हो सकता है। परंतु प्रकृति जो सभी वस्तुओं को पूर्णता प्रदान करती है किस तरह हमारे शरीर को दुख भी पहुँचाती है। इसका उसे विश्वास न हुआ और उसने इच्छा प्रगट की कि मैं इस असहनीय दुख के बारे में अधिक बतलाऊँ।

मैंने उसे बताया कि हम लोग परस्पर विरोधी हजारों वस्तुओं को खाते हैं और उस समय खाते-पीते हैं जब कि न तो हम भूखे ही होते हैं न प्यासे ही। सारी रात बैठकर हम खाने के साथ तेज शराब का प्रयोग करते हैं। इससे हमे आलस्य आता है। हमारे शरीर भारी हो जाते हैं और मंदाग्नि बढ़ जाती हैं। मैंने उसे

बताया कि आदमी के शरीर की असंख्य बीमारियां है। शरीर के प्रत्येक अंग में पाँच या छः सौ से कम बीमारियाँ नहीं होतीं जो विभिन्न अवयवों और जोड़ों में फैली रहती हैं। सारांश में यह कि शरीर के अंदर बाहर आँतों और प्रत्येक भाग में भिन्न-भिन्न बीमारियाँ होती है। इन बीमारियों को दूर करनेवाले पेशे के लोग भी हम लोगों के बीच में ही रहते हैं। ये लोग बीमारियों को अच्छा करने का बहाना किया करते हैं।

परंतु इन वास्तविक बीमारियों के अलावा कुछ बीमारियाँ केवल काल्पनिक ही हैं। इनके लिये चिकित्सकों ने काल्पनिक दवाइयों का भी प्रबंध कर लिया है। बीमारियों के कई नाम होते हैं। इसलिये उसी अनुपात से उनके लिये दवाइयाँ भी बना दी गयी हैं। हमारे यहाँ की येहो स्त्रियाँ अधिकतर इन्हीं बीमारियों से पीड़ित रहती हैं।

इस तरह के लोगों में कुछ ऐसे भी व्यक्ति हैं जो रोगों का निदान करने में अत्यंत कुशल हैं। इनकी तजबीज करीब-करीब ठीक होती है। (अपने निदान में इन लोगों को असफलता बहुत कम मिलती है) वास्तविक बीमारियों के निदान में जब कभी इन्हें बड़ी ईर्ष्या हो जाती है तो ये लोग हमेशा मौत का बहाना करते हैं जो हमेशा इन लोगों के हाथ में रहती हैं। जब कभी किसी बीमार की हालत खराब हो जाती है और उनके निदान के विपरीत बातें दिखाई पड़ती हैं तो मौसम के अनुसार बीमार को एक खूराक दवा देकर ही उसका काम तमाम कर देते हैं। और इस तरह संसार के सामने झूठे साबित होने से बच जाते हैं।*

इससे पहले भी मैंने अपने मास्टर से सरकार की कार्यप्रणाली के बारे में बतलाया था। मुख्य रूप से मैंने अंग्रेजी विधान के बारे में जो सारी दुनिया के लिये आश्चर्य और द्वेष की वस्तु है; परंतु अचानक मेरे मुँह से मंत्री शब्द निकल जाने से उसने मुझे यह आज्ञा दी कि इस प्रकार के येहो से क्या मतलब है।

---

* स्विफ्ट ने डॉक्टरों की बड़ी आलोचना की है। किसी हद तक यह ठीक भी है। यह बात हमें याद रहनी चाहिए कि उस समय चिकित्सा शास्त्र अपनी प्रारंभिक अवस्था में ही था। अधिकतर डॉक्टर धूर्त और ठग होते हैं। अच्छे-अच्छे डॉक्टर परीक्षणों का परिणाम भयानक होता है। इस पद्यांश के लिखने के चालीस वर्ष पूर्व मैकाले के कथनानुसार मरणासन्न राजा चार्ल्स के मुँह में, डॉक्टर लोग विलीन हो जाने वाले घृणित नमक को डाल रहे थे। यह नमक आदमियों की खोपड़ी से निकाला गया था। इन चालीस वर्षों के समय में भी चिकित्सा शास्त्र की अधिक उन्नति नहीं हुई है।

मैंने उसे बताया कि प्रधानमंत्री या प्रथम मंत्री जिसके बारे में मैं बतला रहा हूँ वह एक ऐसा व्यक्ति है जो दुख और सुख, घृणा और प्रेम, दया और क्रोध से पूर्णतया मुक्त है। यह व्यक्ति अधिक इच्छा वाला नहीं होता परंतु इसके अंदर धन शक्ति और पद की अभिलाषा बहुत तीव्र होती है। उसके द्वारा बोले गए शब्दों का अर्थ भिन्न-भिन्न होता है। वह कभी सच नहीं बोलता और इस तरह बोलता है कि तुम इसे झूठ समझने लगोगे। झूठ ही नहीं, वरन् तुम इसे सच भी मानने लगोगे। जिन लोगों की पीठ पीछे वह बुराई करने लगता है उनको सभी कामों में प्राथमिकता देता है और जब कभी दूसरे लोगों या तुम्हारे सामने ही तुम्हारी प्रशंसा करेगा तो इसका मतलब होता है कि उसने तुम्हें अनाथ छोड़ दिया है। खराब-से-खराब जो वस्तु वह हमें दे सकता है, वह है उसका वादा। यदि इस वादे के साथ उसने कसम भी ले ली हो तो और भी अच्छी बात हो जाती है क्योंकि इसके बाद प्रत्येक बुद्धिमान् मनुष्य रिटायर हो जाता है और सारी आशाएँ छोड़ देते हैं।

प्रधानमंत्री बनने के लिये तीन तरीके हैं। पहला तरीका है अपनी स्त्री, लड़की या बहन को बेच दिया जाये। दूसरा तरीका यह है कि पहलेवाले प्रधानमंत्री के साथ विश्वासघात करे या तुच्छ समझे। तीसरा तरीका यह है कि सार्वजनिक भाषणों में दरबार के भ्रष्टाचार को अत्यंत आवेश और जोश के साथ जनता के सम्मुख रखे। परंतु बुद्धिमान् राजा अब लोगों को प्रधानमंत्री बनाना पसंद करते हैं जो आखिरी तरीके को प्रयोग में लाते हैं। क्योंकि इस तरह के जोशीले लोग ही अपने मालिक की चापलूसी और उनकी इच्छाओं का पालन करते हैं। राज्य की सभी नौकरियाँ इन्हीं मंत्री लोगों के हाथ में रहती है। इसलिये बहुमत दल की सीनेट या बड़ी सभा को घूस देकर ये लोग अपने पदों पर बने रहते है। और अंत में ये क्षति पूर्ति कर लेते है। ये लोग इन्हीं पदों पर दुबारा वोट डलवा कर आ जाते हैं और इस तरह प्रजा का पैसा बरबाद करते रहते हैं।

एक मुख्यमंत्री का बँगला इस पेशेवाले लोगों के लिये स्कूल का काम देता है। यहाँ के नौकर लड़के और द्वारपाल भी अपने मालिक़ की नकल करके अपने जिलों में मंत्री बन जाते हैं। ये लोग तीन मुख्य बातों धृष्टता, झूठ बोलने और घूस लेने में अपने मालिकों के समान चतुर हो जाते हैं। इसी तरह इन लोगों का एक दरबार बन जाता है जिसमें अच्छे-अच्छे लोग भाग लेते हैं। धीरे-धीरे बुद्धि

और चतुरता के कारण ये लोग उन्नति कर लेते हैं और कभी-कभी तो अपने मालिकों के उत्तराधिकारी भी बन जाते हैं।

साधारणतया प्रधानमंत्री पर बूढ़ी या युवा स्त्रियों या उसके प्रिय पात्रों द्वारा ही नियंत्रण हो पाता है। इनके द्वारा ही समस्त बातें बतलाई जाती हैं। हम इन्हें राजा के गवर्नर कहकर पुकारते हैं।

एक दिन बातचीत करते समय मेरे मास्टर ने मुझे सामंत शब्द कहते सुन लिया। उसने मेरी प्रशंसा की और बताया कि उसे विश्वास है कि मेरी उत्पत्ति किसी सामंत घराने में ही हुई है। इसके लिये उसने प्रमाण दिया कि मेरा रूप-रंग, आकृति-प्रकृति उसके यहाँ के येहो लोगों से काफी अच्छी है। यद्यपि यह बात सच है कि ताकत और फुर्ती में मैं अन्य जानवरों की भाँति नहीं हूँ तथापि मुझमें केवल बोलने की ही शक्ति नहीं है वरन् बुद्धिमत्ता के कुछ लक्षण पाये जाते हैं। अभी तक जितने जीवों को उसने देखा था उनमें सभी से मैं विलक्षण गुणों वाला आदमी था।

मैंने अपने मास्टर के प्रति अत्यंत आभार प्रगट किया कि उसने मेरे बारे में अच्छी धारणा बना ली है। परंतु साथ ही मैंने उसे यह भी बता दिया था कि मेरा जन्म एक साधारण परिवार में हुआ है। वे मुझे साधारण शिक्षा दिला पाये। मैंने उससे कहा कि मेरे यहाँ की सामंत प्रथा उसके विचारों से बिल्कुल विपरीत है। हमारे यहाँ सामंत लोगों के बच्चे बाल्यकाल से ही विलासिता और आलस्य के वातावरण में पलते हैं। जब उनकी सारी संपत्ति करीब-करीब नष्ट हो जाती है तो निम्न वर्ग की किसी दुबली-पतली निराश स्त्री से केवल पैसे के लिये शादी कर लेते हैं। इन स्त्रियों को ये हमेशा घृणा की दृष्टि से देखते हैं। इनके मस्तिष्क दूषित होने के कारण इनका शरीर भी कमजोर हो जाता है। अज्ञानता, भोग-विलासिता और अहंकार के कारण ये आलसी और बीमार भी बने रहते हैं।

बिना इन लोगों की राय लिये कोई भी कानून नहीं बन सकता और न उसमें कोई परिवर्तन या संशोधन ही हो सकता है। इन सामंतों को हमारी संपत्ति लेने का भी अधिकार है और इनके विरुद्ध कोई अपील नहीं सुनी जाती।

7

पाठकों को आश्चर्य होगा कि मैंने उन लोगों के बीच अपनी जाति का सच्चा प्रतिनिधित्व किस प्रकार किया होगा। उन लोगों ने अपने यहाँ के येहो और हम लोगों की तुलना करके मनुष्य जाति के प्रति अत्यंत तुच्छ विचार बना लिये। मैं स्वीकार करता हूँ कि इन चौपायों में कुछ ऐसे गुण थे जो मानवों के भ्रष्टाचार से पूर्णतः मुक्त थे। इन सब बातों से मेरी आँखें खुल गयीं और विचारशीलता भी बढ़ गयी। मैं मनुष्यों के क्रिया-कलापों और आकांक्षाओं को दूसरे ही दृष्टिकोण से देखने लगा और यह विचार उठा कि अपनी मनुष्य जाति पतित हो गयी है और विश्वास के योग्य नहीं है। मेरा मास्टर अत्यंत तीव्र बुद्धिवाला था। वह मेरे उन हजारों दोषों के बारे में बतलाता था जिनका ज्ञान मुझे था ही नहीं। उसके साथ रह कर मुझे झूठ और छल-प्रपंच से अत्यंत घृणा हो गयी। सत्य बात मुझे इतनी प्रिय लगने लगी है कि सब कुछ त्याग कर मैंने सत्य को पालन करने का निश्चय कर लिया।

अब मैं पाठकों को स्पष्ट बता देना चाहता हूँ कि चीजों को सही-सही बतलाने में मेरा एक इरादा और था। मुझे इस देश में आये अभी एक वर्ष से भी अधिक नहीं हुआ था। परंतु यहाँ के निवासियों के लिये मेरे दिल में प्रेम और आदर उत्पन्न हो गया। मैंने मनुष्यों के पास वापस लौट जाने का इरादा ही छोड़ दिया। मैने निश्चय कर लिया है कि अपना शेष जीवन इन प्रशंसनीय हुइहन्हन्म लोगों के बीच व्यतीत करूँगा क्योंकि ये प्रत्येक अच्छी बात का पालन करते हैं। यहाँ रहकर मुझे दुर्गुणों की ओर प्रवृत्त होने का अवसर प्राप्त नहीं होगा। परंतु दुर्भाग्य से मेरे भाग्य में यह बदा ही न था। शायद इस तरह के आनंद का उपयोग मेरे हिस्से में ही न था। फिर भी यह सोचकर मुझे सांत्वना मिली कि अपने देशवासियों के बारे में मैंने अपने मास्टर को सारी बातें बतला दीं। वास्तव में जो लोग जिंदा हैं वह मास्टर की बातों का बुरा नहीं मानेंगे और उसके जन्म-स्थान को भी अशुभ नहीं मानेंगे।

जब तक मैं अपने मास्टर की सेवा में रहा तब तक की सभी बातों का सारांश मैंने आप लोगों के सम्मुख प्रस्तुत कर दिया है। परंतु स्थानाभाव होने के कारण अधिक बातें छोड़ दी हैं।

मैंने उसके सभी प्रश्नों के उत्तर दे दिये। वह पूर्ण रूप से संतुष्ट हो गया। एक दिन उसने मुझे प्रातःकाल बुला भेजा। मेरे पहुँचने पर उसने मुझे नजदीक बैठ जाने की आज्ञा दी। इसके पूर्व उसने मुझे अपने नजदीक बैठने का आदर कभी प्रदान नहीं किया था। उसने कहा कि मेरे देश तथा मेरी काहनी को उसने अत्यंत ध्यानपूर्वक सुना है। उसका विचार था कि हम लोग एक प्रकार के जानवर हैं और अकस्मात् हम लोगों में बुद्धि का प्रवेश हो गया; परंतु यह उसकी समझ में नहीं आया था। इस विशेषता की सहायता से हम लोगों ने अपने दुर्गुणों को और बढ़ा लिया है। हमारे अंदर कुछ और नये अवगुण पैदा हो गये हैं जो प्रकृति ने हमें प्रदान नहीं किये। हम लोगों ने प्रकृति द्वारा दी गयी योग्यताओं को स्वयं नष्ट कर दिया है। अपनी आवश्यकताओं को पूरा करने में समय व्यतीत हो जाता है। जहाँ तक मेरा संबंध है स्पष्ट ही है कि मुझमें न तो साधारण येहो की शक्ति ही है और न चंचलता। मैं अपने पिछले पैरों के सहारे धीरे-धीरे चलता हूँ। मेरे नाखून भी ऐसे नहीं हैं कि जिनका प्रयोग मैं कर सकूँ या उनसे अपनी रक्षा ही कर सकूँ। मैं अपनी दाढ़ी साफ करता हूँ जिन्हें प्रकृति ने सूर्य और मौसम से रक्षा करने के लिये उगाये हैं। अंत में उसने कहा कि उसके देश के येहो लोगों की भाँति न तो मैं तेज दौड़ सकता हूँ और न पेड़ पर ही चढ़ सकता हूँ।

हम लोगों की बुद्धि और तर्क दोषपूर्ण होने के कारण ही सरकार तथा कानूनों की जरूरत पड़ती है, क्योंकि एक बुद्धिवादी जीवन पर नियंत्रण करने के लिये केवल बुद्धि ही काफी है। जितनी बातें मैंने उसे बताईं उनसे तो यही स्पष्ट होता है कि बुद्धि प्रधान होने का दावा कुछ हद तक ठीक है। यद्यपि उसने जान लिया था कि उसका अनुग्रह प्राप्त करने के लिये मैंने उससे कुछ बातें छिपा लीं थीं और कुछ ऐसी बातें बतलाई थीं तो वास्तव में सही न थीं।

इस बारे में उसे ऐसा ही विश्वास हो गया क्योंकि उसने देखा कि दूसरे येहो लोगों से मैं काफी मिलता-जुलता हूँ केवल कुछ बातों में जैसे उन लोगों के समान मैं शक्तिशाली, तेज और चंचल न था, मेरे नाखून भी इतने बड़े न थे। कुछ और भी इसी तरह की बातें थीं परंतु इसमें प्रकृति का कोई भी दोष न था। मैंने अपने जीवन, रीति-रिवाज और कार्यों का जो वर्णन उसे बतलाया उससे उसको विश्वास हो गया कि हम लोगों के दिमाग काफी मिलते-जुलते मालूम होते हैं। उसने कहा कि येहो लोग आपस में एक-दूसरे को बहुत घृणा की दृष्टि से देखते

हैं। इतनी घृणा कि ये लोग एक-दूसरे को देखकर लड़ने लगते हैं और अपने को तो देख ही नहीं सकते हैं।

इसीलिये उसने सोच लिया कि हम लोगों के शरीर ढकने में ही अच्छाई है क्योंकि इस तरह हम अपने शरीर की बहुत सी बुराइयों को एक-दूसरे से छिपा लेते हैं। इसके अलावा और कोई अच्छा रास्ता इस काम के लिये नहीं निकल सकता; परंतु उसे मालूम हुआ कि वह गलती पर था। जिस तरह मेरे यहाँ लोग आपस में लड़ा करते हैं उसी तरह उसके यहाँ भी येहो लोग आपस में लड़ा करते हैं। उदाहरण के लिये पाँच येहो लोगों के सामने पचास येहो लोगों के खाने का सामान डाल दीजिए। तुरंत ही वे शांतिपूर्वक खाने के बजाय कान उठा-उठाकर इस बात का प्रयत्न करते हैं कि वही सब अकेले खा जायें। इसीलिये इन लोगों को बाहर खिलाने के लिये एक नौकर रखा जाता है। जिन लोगों को घर के अंदर खाना दिया जाता है उन्हें एक दूसरे से बाँध दिया जाता है। यदि कोई गाय किसी दुर्घटना या पूर्ण आयु के कारण मर जाती है तो जब तक उसे एक हुइहन्महन्म अपने येहो लोगों के लिये ले जाए, पड़ोस के येहो लोगों के झुंड-के-झुंड वहाँ इकट्ठा हो जाते हैं। और उसी तरह का युद्ध शुरू कर देते हैं जैसा कि मैंने उसे बतलाया था। नाखूनों से लड़ने के कारण इन लोगों के शरीर पर बड़े-बड़े घाव हो जाते हैं। ये आपस में किसी को मार नहीं पाते क्योंकि मौत के शास्त्रों के बारे में उन्हें कुछ भी ज्ञान नहीं है।

कई बार इसी तरह की लड़ाइयाँ पड़ोस के येहो लोगों में हुई थीं। इन लड़ाइयों का कोई बाहरी कारण भी मालूम न हुआ। एक जगह के येहो लोगों पर अकस्मात् आक्रमण करके उन्हें चकित कर देते हैं। परंतु जब उन्हें मालूम हो जाता है कि उनकी योजना ठीक नहीं चल रही है तो वे वापस घर लौट आते हैं और शत्रुओं की कमी के कारण आपस में लड़ने लगते हैं। इन लोगों का आपस में इस तरह लड़ना मेरे बतलाए हुए गृहयुद्ध की भाँति था।

यहाँ कुछ खेतों में विभिन्न रंगों के चमकते हुए पत्थर पाये जाते हैं। येहो लोग इन पत्थरों के बहुत शौकीन होते हैं। जब कभी ये चमकीले पत्थर जमीन में गड़े मिलते हैं जैसा कि अक्सर होता है तो ये लोग सारे दिन अपने पंजों से इन्हें खोदा करते हैं। पा जाने पर ये लोग इन्हें लेकर भाग जाते हैं और बड़े-बड़े ढेरों के नीचे छिपा देते हैं। ऐसा करते समय वे चारों ओर सावधानी से देखा करते

हैं कि कहीं कोई देख तो नहीं रहा है जो बाद में उनके खजाने को उठा ले जाये। मेरे मास्टर ने बतलाया कि यह उसकी समझ में नहीं आता कि इस तृष्णा का क्या कारण है। इन येहो लोगों के लिये इन पत्थरों का क्या मूल्य है। परंतु अब उसे विश्वास होने लगा कि इन सब बातों का कारण वही लालच है जिसे मैंने मनुष्य जाति की विशेषता बतलायी थी।

एक बार अनुभव करने के विचार से उसने स्वयं चुपके से एक ढेर के नीचे से पत्थर हटा दिया जहाँ उसे येहो ने गाड़ा था। जब उस येहो को उसका पता लगा तो वह बहुत दुखी हुआ और जोर-जोर से चिल्लाकर अपने सभी साथियों को उस स्थान पर ले आया। इसके बाद वह जोरों से चिल्ला-चिल्लाकर रोने लगा, दूसरे येहो लोगों को काटने और नोचने लगा। पागलों की तरह इधर-उधर मारा-मारा घूमता था। उसने खाना, पीना, सोना और काम करना भी छोड़ दिया। अंत में उसने नौकर के द्वारा उस पत्थर को उसी जगह पर रखवा दिया। जब उस येहो को अपना पत्थर मिल गया तो वह फिर उसी तरह खुश और विनोदप्रिय हो गया। परंतु अब उसने उस पत्थर को और अच्छी जगह में छिपा दिया। अब वह येहो अच्छी तरह काम करता है।

मेरे मास्टर ने मुझे विश्वास दिलाया और मैंने स्वयं भी देखा कि जिस जगह ये चमकीले पत्थर पाये जाते हैं वहाँ बड़े-बड़े भयानक युद्ध हुए हैं। इन युद्धों में पड़ोस के येहो लोग भाग लेते रहते हैं।

उसने कहा कि यह आम बात है कि जब दो येहो किसी चमकीले पत्थर को पा जाते हैं तो उनको लेने के लिये दोनों झगड़ने लगते हैं। तीसरा येहो तो आकर इस लड़ाई से फायदा उठाता है और दोनों से पत्थर छीन ले जाता है। इसका फैसला भी मास्टर इसी तरह से करता है जैसा कि हम लोगों की अदालतों में होता है। यहाँ मैंने सोचा कि मास्टर को धोखा देना ठीक नहीं क्योंकि जो फैसला उसने मुझे बतलाया वह हम लोगों के फैसले से काफी अच्छा था। यहाँ के फैसले में झगड़े के पत्थर के अतिरिक्त वादी और प्रतिवादी को किसी तरह का और नुकसान न हुआ जब कि हमारे यहाँ की अदालतों मे उसका मुकदमा उस समय तक नहीं खत्म होता जब तक कि उन दोनों के पास कुछ भी बच जाता।

अपनी बातचीत को बढ़ाते हुए मास्टर ने बतलाया कि येहो लोगों की एक आदत से उसे अत्यंत घृणा है। इन लोगों को रास्ते में पड़ी जो भी चीज चाहे वह

जड़ी हो या बूटी, फल हो या मरे जानकर का मांस मरभुक्खों की भाँति उस पर टूट पड़ते हैं। भूख इन लोगों में इतनी अधिक होती है कि ये लोग आपस में लड़ने लगते हैं। येहो लोगों के चरित्र में एक विशेषता यह भी है कि नजदीक के अच्छे खाने की अपेक्षा दूर के खाने को लूट कर या चुराकर खाने में इन लोगों को बहुत आनंद आता है। यदि इन लोगों का शिकार कहीं बाहर पड़ा है तो ये लोग उस समय तक खाते जाएँगे जब तक कि इनका पेट फूटने पर न आ जाये। इसके बाद प्रकृति की बताई हुई एक ऐसी जड़ी का प्रयोग ये लोग करते हैं कि इनका सब खाना फौरन पच जाता है।

यहाँ इस देश में एक और जड़ी पायी जाती है। यह बहुत रसीली होती है और मुश्किल से मिलती है। येहो लोग इसे बड़ी लगन से खोजते हैं। इसे चूसने में इन लोगों को बड़ा आनंद आता है। इस जड़ी का इन लोगों पर वही प्रभाव पड़ता है जो हमारे यहाँ शराब का होता है। इसके नशे में आकर कभी-कभी ये लोग एक-दूसरे का आलिंगन करते हैं तो कभी-कभी एक-दूसरे को नोचने-खसोटने लगते हैं। कभी चिल्लाते हैं तो कभी हँसने और बकने भी लगते हैं। अंत में चक्कर खाकर पृथ्वी पर गिरकर सो जाते हैं।

मैंने यह भी देखा था कि उस देश में बीमारी केवल येहो लोगों को ही होती थी। इन लोगों की बीमारियाँ हम लोगों के यहाँ के घोड़ों के समान किंतु कम थीं। इन लोगों की बीमारियाँ इलाज और दवा की कमी से न होकर मैले जानवरों की गंदगी और लालच के कारण ही हो जाती थीं। अपनी भाषा में इन लोगों ने इस तरह की बीमारियों के लिये एक सार्वजनिक नाम हनेई-येहो रख लिया था।

जहाँ तक सहकार कला और दूसरी वस्तुओं के उत्पादन का प्रश्न है मेरे मास्टर ने स्वीकार कर लिया कि इन बातों में हम लोगों और वहाँ के येहो लोगों में काफी अंतर है। वह केवल यह देखना चाहता था कि हम लोगों के स्वभाव में कितनी समानता है। उसने सुना था कि—हन्हन्म लोगों ने येहो लोगों के झुंडों में एक तरह के शासन करने वाले येहो को देखा था। यह शासन करनेवाला येहो बाग के उस हिरन की भाँति होता है जो और दूसरे हिरनों के आगे-आगे चलता है। यह अपने साथियों मे सबसे अधिक शरारती और कुरूप होता है। इस नेता का अपना प्रिय पात्र मित्र भी होता है। इस मित्र को सारे येहो घृणा की दृष्टि से देखते हैं। इसलिये अपनी रक्षा करने के लिये वह हमेशा अपने नेता के पास

ही रहता है। वह उस समय तक अपने पद पर रहता है जब तक कि उससे खराब और दूसरा येहो नहीं मिल जाता। जैसे ही वह निकाल दिया जाता है उसका उत्तराधिकारी नगर के मुख्य येहो बच्चे, बुड्ढे, आदमी और औरत वहाँ आकर उसका अपमान करते हैं। परंतु यह सब बातें हम लोगों को यहाँ अदालतों, प्रिय पात्रों और राज्यों के मंत्रियों पर किस तरह लागू की जा सकती हैं। मेरे मास्टर ने कहा कि इस बारे में मैं खुद ही सब बातें अच्छी तरह तय कर सकता हूँ।

मुझे साहस न हुआ कि उसकी इन बातों का मैं उतर दूँ। एक साधारण जानवर की बुद्धि मनुष्यों की दूषित प्रवृत्तियों से काफी अच्छी थी। उसका निर्णय इतना अच्छा था कि फौरन ही वह आवाज से पता लगा लिया करता था कि कुत्तों के झुंड में कौन सबसे योग्य है।

मेरे मास्टर ने मुझे बताया कि उसे इन येहो लोगों में एक और महत्त्वपूर्ण बात दिखलाई पड़ी, उसका वर्णन अभी तक मैंने भी नहीं किया। मैंने तो बातें उसे मनुष्यों की प्रकृति के बारे में बतलायीं उनमें शायद ही कहीं इस बात का वर्णन आया हो। उसने कहा कि येहो औरतों से उसी भयंकरता से लड़ते हैं जैसे वे आपस में लड़ा करते हैं। इस तरह की बात किसी बुद्धिजीवी जीव में नहीं पायी जाती हैं।

दूसरी बात जिस पर उसे बहुत अचंभा हुआ वह थी येहो लोगों की गंदी आदतें जबकि सभी दूसरे जानवर सफाई को पसंद करते हैं। जहाँ तक पहली बात का सवाल है मैं खुशी-खुशी उसका उत्तर नहीं देना चाहता क्योंकि मैं अपनी जाति के लिये कोई सफाई नहीं देना चाहता। यदि मैं ऐसा चाहता तो बुद्धि से इसका भी उत्तर दे सकता था। जहाँ तक दूसरी बात का प्रश्न है, मैं आसानी से इसके विपरीत सिद्ध करके मनुष्य जाति को और ऊँचा उठा देता यदि वहाँ मुझे कुछ सूअर दिखलाई पड़ जाते। परंतु दुर्भाग्य से मुझे कहीं ये चौपाये दिखाई नहीं पड़े जो इन येहो लोगों से कहीं अच्छे और साफ होते हैं। मैं सोचता हूँ कि यदि उस समय मनुष्य से अधिक साफ होने का बहाना करता तो मेरे मास्टर स्वयं ही यह बात देख लेते। हम लोगों के खाने के गंदे तरीके और उन चौपायों के कीचड़ में लोटने और सोने में कितना अंतर है।

8

अपने मास्टर की अपेक्षा मुझे मनुष्यों के स्वभाव का अच्छा ज्ञान हो गया था। अब मैं उसके बतलाए हुए येहो लोगों के चरित्र को अपने देशवासियों से तुलना करने लगा था। मुझे विश्वास हो गया कि अब मैं इन लोगों के बारे में और बहुत सी नयी बातें खोज निकालूँगा, इसलिये बस्ती में जाने की आज्ञा माँगी। वह सहर्ष तैयार हो गया। उसे विश्वास हो गया था कि इन येहो लोगों का कोई भी प्रभाव मेरे ऊपर नहीं पड़ेगा। मास्टर ने अपने एक ताकतवर नौकर लाल भूरे टट्टू को मेरे साथ कर दिया। वह बहुत ईमानदार और अच्छे स्वभाव का था। बिना उसको साथ लिये मेरी इतनी हिम्मत नहीं थी कि उन लोगों के पास जा सकूँ। पाठकों को मैं यह पहले ही बता चुका हूँ कि मेरे यहाँ आने पर इन घृणित जानवरों ने मुझे कितना कष्ट दिया था। चार-पाँच बार तो मैं इन लोगों के चंगुल से बाल-बाल बच गया। उस समय मैं भटक गया था और मैं निहत्था भी था। मेरी कटार उस समय मेरे पास न थी।

मुझे ऐसा मालूम होता है कि उन लोगों को शायद यह पता लग गया था कि मैं उन्हीं की जाति का हूँ। मैंने भी कमीज की बाहें चढ़ाकर नंगे हाथ उन लोगों को दिखलाए। उस समय मेरे साथ लाल भूरा टट्टू भी था, इस बात से वे लोग मेरे पास आने का साहस करने लगे। बंदरों की भाँति वे सब मेरे कामों की नकल उतारते थे। परंतु ऐसा करते समय वे सब मुझे घृणा से देखते थे। जिस तरह टोपी और मोजा पहने हुए एक पालतू कौआ दूसरे कौए चिढ़ाता और मारता हैं उसी तरह येहो लोग भी मुझे चिढ़ाते थे।

बचपन से ही फुर्तीले और चालाक होते हैं। एक बार की बात है कि मैंने इन लोगों के एक तीन वर्ष के बच्चे को किसी तरह पकड़ लिया। बड़े लाड़-प्यार और नम्रता से मैंने उसे शांत करने का प्रयत्न किया। परंतु वह छोटा दुष्ट बालक उछलने-कूदने लगा। वह इतनी जोर से नोचने-खसोटने और काटने लगा कि मुझे मजबूरन उसे छोड़ देना पड़ा। उसके चिल्लाने और शोर मचाने पर उन लोगों के एक दल ने मुझे घेर लिया परंतु जब उन लोगों ने यह देखा कि उनका बच्चा दूर भाग गया है तथा मेरे साथ लाल भूरा टट्टू भी है तो मेरे निकट आने का उन्हें साहस न हुआ।

जहाँ तक मेरा विचार है इन येहो लोगों को कुछ भी सिखाया नहीं जा सकता। ये लोग केवल बोझा उठाने और ढोने के अलावा और कुछ भी नहीं कर सकते। मेरा तो मत है कि इन लोगों में यह दोष मुख्यतः चिड़चिड़े और हठी स्वभाव के कारण है। साधारणतः ये लोग चालाक, धोखेबाज, बदला लेनेवाले और ईर्ष्यालु प्रकृति के होते हैं। येहो लोग मजबूत और मेहनती होते हैं परंत ये लोग कायर हैं। परिणामस्वरूप स्वभाव से ही ये लोग कठोर, शरारती और नीच हैं। यह बात देखी गयी है कि लाल बाल वाले येहो स्त्री-पुरुष अन्य लोगों से अधिक शरारती होते हैं। ये लोग साधारण येहो लोगों की अपेक्षा अधिक ताकतवर और फुर्तीले होते हैं।

हुइहन्हन्म लोग दैनिक कार्यों के लिये कुछ येहो लोगों को अपने मकान के पास ही झोपड़ियों में रखते है। शेष येहुओं को बाहर खेतों में भेज दिया जाता है जहाँ वे जड़ें खोदते और तरह-तरह की जड़ी-बूटियों को खाते हैं। ये लोग इन मैदानों में सड़ा हुआ गंदा मांस, नेवले और लुहिम्स नामक पहाड़ी चूहों को ढूँढ़ा करते हैं। इन चीजों को ये बड़े शौक से खाते हैं। प्रकृति ने इन लोगों को ऊँची उठी हुई जमीन नाखूनों के गहरे गड्ढे खोदना सिखा दिया है। इन्हीं गड्ढों में ये लोग पड़े रहते हैं। मादा येहो के गड्ढे कुछ बड़े होते हैं जिनमें अपने दो-तीन बच्चों को आसानी से रख लेती हैं।

बचपन से ही येहो मेढकों की भाँति पानी में तैर लेते हैं। बड़ी देर तक पानी के भीतर रुके रहते हैं और मछलियाँ पकड़ते हैं। मादा येहो मछलियाँ बच्चों के लिये घर ले जाती हैं।

इस देश में तीन वर्ष रहने के कारण पाठकगण अन्य यात्रियों की भाँति मुझसे भी यहाँ के रीति-रिवाज और आदतों के बारे में जानना चाहते होंगे। इन बातों का अध्ययन करना ही मेरा मुख्य ध्येय था।

जहाँ तक इन नेक हुइहन्हन्म्स लोगों का प्रश्न है इन लोगों में अभी कुछ गुण पाये जाते हैं। बुद्धिप्रधान जीवों के कोई भी अवगुण इन लोगों में नहीं होते। अतः इन लोगों के जीवन का मुख्य सिद्धांत है बुद्धि को बढ़ाना और उसी से शांति पाना। हम लोगों की भाँति ये लोग बुद्धि को समस्या-मूलक नहीं मानते। जबकि मानव किसी प्रश्न के दोनों पक्षों के बारे में सोचता है और फौरन ही निर्णय कर देता है। परंतु ऐसा केवल तभी कर पाते हैं जब प्रश्न सीधा पक्षपात

रहित हो। मुझे याद है कि एक बार अपने मास्टर को 'मत' शब्द का अर्थ और किसी बात में दो मत किस तरह हो सकते हैं, समझाने में अत्यंत कठिनाई का सामना करना पड़ा था। इसका कारण यह है कि बुद्धि हमें उसी चीज को मानने और इनकार करने के लिये सिखाती है जिसके बारे में मुझे निश्चय होता है और अपने ज्ञान की परिधि के आगे हम किसी भी वस्तु को स्वीकार नहीं करते।

अतः इन्हीं कारणों के हुइहन्हन्म्स लोगों में झगड़े, मतभेद, वाद-विवाद और झूठा विश्वास आदि अनेक दुर्गुण नहीं पाये जाते हैं। इसी तरह जब मैंने उसे प्राकृतिक दर्शन की विभिन्न पद्धतियों के बारे में बतलाया तो बड़ी जोर से हँसकर उसने कहा कि जो मनुष्य बुद्धिजीवी का बहाना करता है वह दूसरे लोगों की कल्पित बातों पर विश्वास कैसे करने लगता है। किस तरह वह उन वस्तुओं पर विश्वास कर लेता है, जहाँ उसके ज्ञान का प्रवेश नहीं हो पाता। इस बारे में अफलातून ने सुकरात के जिस मत का उल्लेख किया है उससे मेरा मास्टर पूरी तरह सहमत था। मुझे बतलाया कि वह दार्शनिक का राजा था। मैं अक्सर सोचता हूँ कि इस तरह के सिद्धांत के कारण योरूप के पुस्तकालयों में कितना सर्वनाश होगा और इस योग्य संसार में न जाने कितने कीर्ति प्राप्त करने के साधनों का लोप हो जाएगा।

हुइहन्हन्म्स लोगों में मुख्य रूप से दयालुता और मित्रता के गुण पाये जाते हैं। ये विशेषता केवल कुछ ही लोगों में नहीं वरन् सारी हुइहन्हन्म्स जाति में है। दूर के अजनबी के साथ ये सभी लोग पड़ोसी का सा व्यवहार करते हैं। जहाँ कहीं भी वे जाते हैं उन्हें घरेलू वातावरण मिलता है। इन लोगों में अव्वल दर्जे की सभ्यता और सज्जनता होती है परंतु शिष्टाचार के बारे में इन्हें कुछ भी नहीं मालूम। बछेड़ों और बछड़ियों के प्रति इनको कोई लगाव नहीं होता, परंतु अपनी बुद्धि के अनुसार ये उनकी शिक्षा का विशेष ध्यान देते हैं। मैंने देखा कि मास्टर अपने पड़ोसी के बछेड़े को अपने बछेड़े की ही भाँति प्यार करता था। उनकी प्रकृति हमें पूरी जाति से प्यार करने की शिक्षा देती है। केवल बुद्धि ही ऐसी वस्तु है जो उच्च श्रेणी और गुणवान मनुष्यों के चुनने में सहायक है।

इन लोगों के अनुसार प्रेम-विवाह के लिये निवेदन भेंट स्त्री धन और विवाह संबंधी बातचीत का कोई स्थान नहीं है। यहाँ की भाषा में इन बातों को व्यक्त करने के लिये शब्दों का अभाव है। जवान घोड़े-घोड़ियाँ अपने अभिभावकों और

मित्रों की सहमति के अनुसार ही साथ-साथ रहते हैं। इस तरह की बातें नित्य ही देखने में आती हैं और एक बुद्धिप्रधान व्यक्ति के लिये यह उचित भी है। परंतु विवाह विच्छेद या किसी प्रकार की अपवित्रता के बारे में कभी कोई बात नहीं सुनाई पड़ी विवाहित लोग अपना जीवन पारस्परिक प्रेम, दया तथा उदारता के साथ व्यतीत करते हैं। अपनी जाति के अन्य साथियों के साथ भी इन लोगों का व्यवहार अत्यंत सहानुभूतिपूर्ण और उदार होता है। वे कभी अपने प्रतिद्वंद्वी के साथ ईर्ष्या, असंतोष या झगड़ा करने के भाव नहीं रखते।

यहाँ के नर-मादा बच्चों की शिक्षा-प्रणाली प्रशंसनीय तथा अनुकरणी है। कुछ अवसरों को छोड़कर जई खाने को तब तक नहीं दी जाती जब तक कि ये लोग अट्ठारह वर्ष के नहीं हो जाते। कभी-कभी इन्हें दूध दे दिया जाता है। गर्मियों सुबह तथा शाम को इनको दो घंटे चरने के लिये छोड़ा जाता है। इस समय इनके अभिभावक इन पर निगरानी रखते हैं परंतु नौकरों को इसका आधा समय भी नहीं मिलता। इन लोगों के हिस्सों की घास अधिकतर घर पर लायी जाती है। इसे ये लोग काम करने के बाद आराम के समय खाते हैं।

नर-मादा दोनों तरह के बच्चों को सहिष्णुता, तत्परता, व्यायाम और स्वच्छता की शिक्षा समान रूप से दी जाती है। मेरे मास्टर के अनुसार हम लोगों में पृथक् प्रचलित शिक्षा बेहद घटिया है। केवल घरेलू प्रबंध के लिये उन्हें कुछ विशेष शिक्षा दी जानी चाहिए। उसका विचार था कि मेरे आधे से अधिक देशवासी केवल संतान उत्पन्न करना ही जानते हैं और बाद में वे बच्चों को इस तरह के व्यर्थ आदमियों के सुपुर्द कर देते हैं। उसके मतानुसार निर्दयता का इससे अच्छा उदाहरण कहाँ मिल सकता है।

परंतु हुइन्हन्हन्म्स लोग अपने बच्चों को बचपन से ही घुड़दौड़, ऊँची-नीच पहाड़ियों पर चढ़ने और पथरीली भूमि पर चलने का अभ्यास कराते हैं। इससे शुरू से ही ये बच्चे मेहनती और ताकतवर हो जाते हैं। इस तरह की कसरत करने के बाद जब वे पसीने में लथपथ हो जाते हैं तब उन्हें तालाब या नदी में कूदने की आज्ञा दी जाती है। साल में चार बार कुछ जिलों में बछेड़े अपनी शारीरिक कुशलता को दिखलाने के लिये कूद-फाँद की प्रतियोगिता का आयोजन करते हैं। इन प्रतियोतिगता में विशेषताओं को गीत गाकर सम्मानित किया जाता है। इस अवसर पर सेवक येहुओं का हुइहन्हन्म्स लोगों का भोजन जई और दूध

दिया जाता है। फौरन ही इन जानवरों को वापस भगा दिया जाता है क्योंकि इनके रहने से सभा में शोर मचता है।

हर चौथे वर्ष वसंत-ऋतु में जब दिन और रात दोनों होते हैं तो सारे देश के प्रतिनिधियों की एक सभा बुलाई जाती है। यह सभा हमारे मकान से 20 मील दूर तक मैदान में होती है और पाँच या छह दिनों तक चलती है। इस सभा में जिलों की दशा और समस्याओं पर चर्चा होता है। यह पता लगाया जाता है कि उनका जई, घास, गायें या येहो लोगों की कमी तो नहीं है। यदि किसी जिले में किसी चीज की कमी होती है तो सर्वसम्मति से तत्काल ही वे लोग उस कमी को पूरा करते हैं।

9

देश छोड़ने के तीन महीने पहले इस तरह की एक महासभा मेरी उपस्थिति में हुई थी। जिले का प्रतिनिधि बनकर मेरे मास्टर ने भी इस सभा में भाग लिया था। इस सभा में इन लोगों की पुरानी बातचीत फिर चालू हुई और शायद उन्हीं बातों का वार्त्तालाप होता रहता है। इस सभा की सारी कार्यवाही का वर्णन मास्टर ने लौटकर मुझे दिया।

उन लोगों के सामने यह प्रश्न विचाराधीन था कि क्या येहो लोगों को संसार से नष्ट कर दिया जाये। प्रस्ताव के समर्थन में एक सदस्य ने बहुत जोर से महत्त्वपूर्ण बहस की। उसका कहना था कि येहो लोग अत्यंत गंदे, शोर करने वाले कुरूप जीव हैं। इसी कारण ये लोग शरारती, ईर्ष्यालु और झगड़ालू होते हैं। ये लोग हुइहन्मन्म्स की गायों के साथ दुर्व्यवहार करके उन्हें नष्ट कर डालते हैं। उनकी बिल्लियों को मार कर खा जाते हैं। जई और घास को भी कुचल डालते हैं। अतः उनके ऊपर कड़ी निगरानी रखी जाये। इसके अलावा ये लोग हजारों शरारतें करते हैं। प्रचलित परंपरा के अनुसार मुझे यह भी ज्ञात हुआ है कि येहो लोग यहाँ के रहनेवाले नहीं हैं। बहुत समय पहले इस जाति के दो जानवर एक पहाड़ के ऊपर दिखलाई पड़े थे। किंतु यह पता नहीं कि इन लोगों की उत्पत्ति किस तरह हुई है। शायद उनकी उत्पत्ति कीचड़ पर सूर्य की गर्मी पड़ने के कारण

या समुद्र के झाग या कीचड़ से हुई है। धीरे-धीरे येहो लोगों की संख्या बढ़ने लगी। थोड़े ही समय में सारे देश में इनकी की भरमार हो गयी।

इस मुसीबत से बचने के लिये हुइहन्हन्म्स लोगों ने इन लोगों का शिकार करना शुरू कर दिया। अंत में इन सब येहुओं को घेर लिया गया। बुड्ढे येहुओं को मार डाल गया। प्रत्येक हुइहन्हन्म्स ने अपने पास दो येहुओं को परनाले में रख लिया। धीरे-धीरे इन जानवरों को पालतू बनाया गया और वे इस योग्य हो गये कि उनसे बोझा उठवाया और ढुलवाया जाने लगा। इस परम्परा में काफी सत्यता मालूम होती है। ये लोग यहाँ के आदि-निवासी नहीं हो सकते क्योंकि हुइहन्हन्म्स और दूसरे जानवर भी इन येहुओं से बहुत घृणा करते हैं। इस प्रकार का व्यवहार इन लोगों के लिये उचित है। यदि ये लोग यहाँ के निवासी होते तो इस दशा को प्राप्त न होते। इन्हें बहुत समय पहले ही यहाँ से निकाल दिया गया होता। येहो लोगों से सेवा कराने के कारण यहाँ के रहनेवालों ने गधे को पालतू बनाने के लिये कोई प्रयत्न नहीं किया। यह सीधा और मजबूत होता है। इसको आसानी से पालतू बनाया जा सकता है। प्रतिरोध की भावना इनमें नहीं होती। काम करने की शक्ति काफी होती है, फिर भी अन्य जानवरों के समान इनमें फुर्ती और चंचलता नहीं होती है। यदि इन गधों में रेंकने की आवाज इतनी सुंदर नहीं होती है फिर भी येहो लोगों की भयानक आवाज से उनकी आवाज काफी अच्छी होती है।

इसी आशय के प्रस्ताव अन्य सदस्यों ने भी महासभा में प्रस्तुत किये। मास्टर ने इसके लिये एक योजना प्रस्तुत की। इस योजना का आभास उसे मुझसे मिला था। पहले बोलने वाले सदस्यों का अनुमोदन करते हुए मेरे मास्टर ने कहा कि पहले पहल देखे जाने वाले दो येहो संभवतः समुद्र से आये हैं। अपने साथियों द्वारा छोड़ दिये जाने पर ये लोग पहाड़ के ऊपर चले गये। धीरे-धीरे समय बीतने के साथ ये लोग अपने देशवासियों से छूट जाने के कारण अधिक असभ्य हो गये। इस योजना या विचारधारा का प्रमाण उसे एक अजीब येहो मुझसे मिला इस 'अजीब येहो' के बारे में सभा के बहुत से सदस्यों ने सुना था और बहुतों ने उसे देखा भी था। इसके बाद उसने बतलाया कि मैं किस तरह उसे मिला, मेरे सारे शरीर के ऊपर किस तरह जानवरों की खाल और बाल का खोल चढ़ा हुआ था, कैसे मैंने उनकी भाषा सीख ली थी। उसने उन घटनाओं के बारे में भी

बतलाया जिनके फलस्वरूप मुझे यहाँ आना पड़ा था। जब उसने मुझे नंगे देखा तो उसे पूर्ण विश्वास हो गया था कि मैं येहो ही हूँ। केवल मैं उसके देश के येहुओं से अधिक गोरा था। शरीर पर बाल कम थे, मेरे पंजे उन लोगों की अपेक्षा छोटे थे।

सभा में उसने यह भी बताया कि किस तरह मैंने उसे विश्वास दिलाया कि मेरे तथा अन्य देशों मे येहो लोग राज्य करते हैं और हुइन्हन्म्स लोग उनके दास हैं। उसे मेरे अंदर येहो के सभी गुण दिखाई पड़े। बुद्धि के कारण मैं उन लोगों से अधिक सभ्य समझा गया। जितना बुद्धिमान् में उस देश के येहुओं को समझता था उतने ही बुद्धिमान् मुझे हुइहन्हन्म्स लोग समझते थे। अन्य बातों के साथ उसने यह भी बतलाया कि मैंने उसे एक तरीका बतलाया है जिससे हुइहन्हन्म्स लोगों को पालतू बनाने में मदद मिलती है। यह चीरफाड़ आसान और सुरक्षित होती है। उसने कहा कि जानवरों की बुद्धि से शिक्षा लेने में शर्म नहीं करनी चाहिए क्योंकि चीटियों से मेहतन और अबाबील चिडिया से मकान बनाने की कला से हम लोग शिक्षा ग्रहण करते है। उसने यह प्रस्ताव रखा कि इस योजना को जवान येहुओं के ऊपर लागू किया जा सकता है। इस योजना से एक काम तो यह होगा कि येहो लोग हम लोगों के लिये अधिक लाभदायक हो जाएँगे तथा थोड़े समय के बाद इन लोगों की समस्त जाति अपने आप ही नष्ट हो जाएगी। इसी समय में हुइहन्हन्म्स गधों को पालतू बना लेंगे। ये जानवर येहुओं से अधिक मेहनती और सीधे हैं। इससे एक लाभ यह होगा कि पाँच वर्ष की ही अवस्था में यह जानवर काम करने योग्य हो जाएँगे जब कि दूसरे जानवर 12 वर्ष की अवस्था में इस योग्य हो पाते हैं।

मेरे मास्टर ने केवल महासभा की इतनी ही बातें बतलाना उचित समझा परंतु उसने एक महत्त्वपूर्ण बात को छिपा लिया जो मेरे बारे में हुई थी। जल्दी ही मुझे इस बात का पता लग गया। इस अप्रिय घटना के बारे में पाठकों को यथास्थान बतलाया जाएगा। उसी समय से मेरे ऊपर मुसीबतें आना शुरू हो गयी थीं।

हुइहन्हन्म्स लोगों की भाषा में शब्दों का सर्वथा अभाव है, अतः उनका ज्ञान परंपरागत है। संगठित गुण, शील और बुद्धिवादी होने के कारण इन लोगों को अपने इतिहास को याद रखने में कोई कठिनाई नहीं होती। इसके अतिरिक्त

ये लोग दूसरे देशों के व्यापार से बिल्कुल अलग रहते हैं। इस कारण अपने देश की परंपरा, रीति-रिवाज बनाये रखने में इन्हें कोई अड़चन नहीं पड़ती। मैं पहले ही बता चुका हूँ कि इन लोगों में कोई भी बीमारी नहीं पायी जाती, अतः यहाँ डॉक्टरों की कोई जरूरत नहीं। परंतु फिर भी उनके यहाँ दुर्घटना से लगी खरोंच या चोट और दुर्घटना में नुकीले पत्थरों से कट जाने के लिये जड़ी-बूटियों से बनी दबा बहुत बढ़िया मिलती है। शरीर के अन्य भागों में लगी चोटों के लिये भी इस तरह की अन्य दवाइयाँ इन लोगों के यहाँ पायी जाती हैं।

चंद्रमा और सूर्य के चक्कर से ये लोग साल की गणना करते हैं परंतु सप्ताह के हिस्सों को नहीं मानते हैं। इन दोनों ग्रहों के क्रिया-कलापों के बारे में इन्हें काफी ज्ञान है। सूर्य और चंद्र-ग्रहण के बारे में भी ये लोग जानते हैं। इन लोगों ने खगोल विद्या में इतनी ही उन्नति की है।

काव्य के क्षेत्र में इन लोगों ने आदमियों को भी मात कर दिया है। यहाँ के साहित्य की उपमाएँ और वर्णन करने की कला अनुकरण के योग्य है। इन लोगों के गीतों में इन्हीं दो बातों की अधिकता रहती है। अधिकतर इनकी कविताओं में दयालुता, भिन्नता के उच्च भावों का समावेश होता है। शारीरिक प्रतियोगिताओं में भाग लेनेवाले विजेताओं का गुणगान भी इनकी कविता में मिलता है। इन लोगों के मकान यद्यपि बहुत भद्दे और सादे होते हैं तथापि आरामदायक होते हैं। वे इस तरह बनाये गये हैं कि ठंढक और गर्मी में कष्ट न हो। इन लोगों के यहाँ एक प्रकार का पेड़ पाया जाता है जिसकी जड़ें चालीस वर्ष बाद ढीली हो जाती हैं और पहले ही तूफान में यह पेड़ गिर पड़ता है। यह पेड़ बिल्कुल सीधा उगता है। इसके तने के चारों ओर खूँटियाँ सी निकलती हैं। इन पेड़ों को ये लोग जमीन में गाड़ देते हैं। इनके चारों ओर जई के भूसे या कभी-कभी टहनियों का टट्टर की भाँति परदा बना देते हैं। इसी तरह छत और दरवाजे भी बनाये जाते हैं।

हुइहन्हन्म्स अपने अगले पैरों के खुरों से हाथों का काम लेते हैं। मैं पहले सोच भी न सका कि इतनी सफाई से ये लोग अपने खुरों का इस्तेमाल कैसे करते हैं। मैंने देखा कि हमारे घर की एक सफेद घोड़ी ने सुई में तागा डाल दिया ये लोग अपने खुरों की गुमचियों (अश्वखुर-संधि) से गायों का दूध दुहते, जई काटते और दूसरे कामों को करते थे जिन्हें हम लोग हाथों से करते थे। इन लोगों के

यहाँ एक तरह का चकमक पत्थर पाया जाता है। पत्थर पर रगड़-रगड़कर इससे कुल्हाड़ियाँ, हथौड़े और फन्नियाँ बनायी जाती हैं। इन्हीं औजारों से ये लोग अपने आप उगनेवाली घास और जई काटते हैं। येहो लोग जई और घास के बंडलों को गाड़ियों से ढो-ढोकर घर लाते हैं। नौकर इन बंडलों को घर के अंदर ले जाकर माड़ते हैं। दाना अलग करके उसे खत्तियों में रख लिया जाता है। ये लोग मिट्टी और लकड़ी के भद्दे किस्म की बर्तन बनाते हैं। मिट्टी के बर्तनों को ये धूप में सुखाते हैं।

किसी दुर्घटना का शिकार न होने पर ये लोग केवल वृद्धावस्था में ही मरते हैं। मरने पर इन्हें अनजान जगहों में गाड़ा जाता है। मित्र और रिश्तेदार किसी के मरने पर न तो हर्ष प्रकट करते हैं और न दुख। इसके अतिरिक्त मरनेवालों को भी इस बात का दुख नहीं होता कि वह इस संसार को छोड़ रहा है। और यदि वह कहीं अपने मित्र के घर से लौट कर मरे तो और भी अच्छा माना जाता है। मुझे याद है कि मेरे मास्टर ने अपने किसी मित्र को मय कुटुंब के किसी आवश्यक कार्य के लिये अपने घर बुलाया था। निश्चित दिन मालकिन अपने दो बच्चों के साथ बहुत देर में आयीं। उसने दो बातों के लिये क्षमा माँगी। पहले अपने पति के लिये क्षमा माँगी जो प्रातःकाल ल्हुनुब्नह चला गया। इन लोगों की भाषा में यह शब्द बहुत महत्त्व रखता है परंतु हिंदी में इसके लिये कोई भी शब्द नहीं है। इस शब्द का तात्पर्य है अपनी पहली माँ के पास जाना। उसने अपने देर से आने का कारण बताया कि उसका पति आज सवेरे मर गया था। उसे गाड़ने के लिये उचित स्थान के बारे में नौकरों से उसे सलाह लेनी पड़ी थी। मैंने देखा कि वह हमारे घर में इतनी ही प्रसन्न रही जितने कि और लोग थे। तीन महीने बाद वह भी मर गयी।

ये लोग साधारणतः 70 या 75 वर्ष तक जिंदा रहते है। 80 वर्ष की अवस्था बहुत कम लोगों को प्राप्त होती है। मरने के कुछ सप्ताह पहले लोगों को कुछ कमजोरी मालूम पड़ती है परंतु कोई कष्ट नहीं होता है। इस दौरान बहुत से मित्र मिलने के लिये आते हैं क्योंकि इस दशा में ये लोग आसानी से बाहर नहीं जा पाते हैं। फिर भी अपनी मृत्यु के दस दिन पहले ये लोग पड़ोसियों के यहाँ बदले में मिल आते हैं। ऐसा करते समय ये एक सुविधाजनक गाड़ी में यात्रा करते हैं जो येहुओं द्वारा खींची जाती है। इन गाड़ियों का प्रयोग केवल इस

अवसर पर ही नहीं होता वरन् बुड्ढे होने पर लंबी यात्राओं में दुर्घटना के कारण लँगड़े हो जाने पर भी इनका प्रयोग किया जाता है। अतः जब मरणासन्न हुइहन्हन्म्स मित्रों से मिलने जाता हो तो वह उनसे आखिरी विदा लेता है और ऐसा मालूम होता है कि वह उस समय देश के दूरस्थ भाग में जा रहा है जहाँ वह अपना शेष जीवन व्यतीत करेगा।

मैं यह भी नहीं जानता कि हुइहन्हन्म्स लोगों की भाषा में बुरी बातों को व्यक्त करने के लिये शब्द है या नहीं, परंतु इतना तो तय है कि येहो लोगों की कुरूपता और अवगुणों को इन लोगों ने अपनी भाषा में आत्मसात कर लिया है। इस तरह ये लोग नौकरों की गलती, बच्चों की भूल पैरों को काट देनेवाले पत्थर, बुरे मौसम का बहुत दिनों तक रहना आदि बातों को येहो लोगों की विशेषता कहकर पुकारते हैं। उदाहरण के लिये बुरे और भद्दे मकान के लिये ये लोग यन होलम्हन्स रोहल्न येहो शब्द का प्रयोग करते हैं।

मैं आसानी और सहजता से इन सभ्य और संस्कृत लोगों के गुणों और रीति-रिवाजों के बारे में बतला सकता हूँ। परंतु थोड़े ही समय में मैं इस विषय पर में दूसरी पुस्तक छपवाऊँगा। पाठकों को उसमें भरपूर सामग्री मिलेगी। अब मैं अपनी दुखपूर्ण विपत्ति के बारे में पाठकों को बतलाऊँगा।

10

अपने हृदय में संतोष कर मैंने अब अपने घर का प्रबंध करना प्रारंभ कर दिया था। मेरे मास्टर ने वहाँ के मकानों के अनुरूप ही मेरे लिये एक मकान बनाने की आज्ञा दी। यह मकान मास्टर के मकान से 6 गज की दूरी पर था। इस मकान की दीवारों और फर्श पर मैंने मिट्टी का पलस्तर कर दिया था। मैंने अपने ही द्वारा बनायी हुई सीक को चटाई वहाँ बिछा दी।

सन या पटुआ जो यहाँ बहुतायत से पैदा होता है, उसे लेकर मैंने एक मोटा गद्दा बनाया। इसमें चिड़ियों के विभिन्न पंख और येहो लोगों के मुलायम बाल भर दिये। मैंने अपने चाकू की सहायता से दो कुर्सियों बनायीं। लाल भूरा टट्टू मुझे इन कामों में मदद करता था। जब मेरे कपड़े चिथड़े-चिथड़े हो गये तो मैंने

खरगोश की खाल से दूसरे कपड़े बनाये। कपड़े बनाने में मैंने इसी आकार के एक और जानवर की खाल का प्रयोग किया जो नुहनोह के नाम से पुकारा जाता था। इस जानवर की खाल बहुत अच्छी और मुलायम होती है। इसी जानवर की खाल से मैंने अपने लिये बहुत अच्छे मोजे तैयार किये थे। जूतों में मैंने लकड़ी का सोल लगाया था। जिसे एक पेड़ से काटकर मैंने ऊपरी चमड़े पर लगाया था। जब यह जूता फट गया तो मैंने येहो की खाल को धूप में सुखा कर जूते बनाये थे।

मुझे अक्सर पेड़ों से शहद मिल जाता था जिसे मैं पानी में मिलाकर या रोटी के साथ खाता था। कोई भी मनुष्य इन दो सिद्धांतों को और अधिक प्रमाणित नहीं कर सकता कि "प्रकृति आसानी से संतुष्ट हो जाती है।" और आवश्यकता आविष्कार की जननी है। मैंने यहाँ पूर्ण शारीरिक और मानसिक शांति का अनुभव किया। यहाँ किसी मित्र ने मेरे साथ कभी विश्वासघात और बेईमानी न की। इसके अतिरिक्त किसी भी गुप्त या प्रगट शत्रु से मुझे कोई हानि न हुई। मेरे सामने यहाँ कोई ऐसा अवसर नहीं आया कि जब कि मुझे किसी बड़े आदमी या उसके नौकर को घूस देने या चापलसूी करने की जरूरत पड़ी हो। छल-कपट से मुझे अपनी रक्षा करने की कोई जरूरत न थी। न तो वहाँ शरीर नष्ट करने वाले डॉक्टर ही थे और न संपति को नष्ट करने वाले वकील। मेरी बातों और कामों के ऊपर निगरानी रखने वाला यहाँ कोई भेदिया न था। कलंकित करनेवाले किराये के टट्टू भी यहाँ नहीं होते। यहाँ चिढ़ाने वाले, निंदा करने वाले, पीठ पीछे बुराई करने वाले, जेब काटने वाले डाकू, चोर, मुखतार, मसखरे, खिलाड़ी, राजनीतिज्ञ, विभिन्न चिड़चिड़े स्वभाव वाले क्रोधी मनुष्य, बातूनी, विभिन्न विचारधारा वाले, कत्ल हत्यारे और दूसरे गुण वाले मनुष्य भी इस देश में नहीं होते। किसी दल के नेता या कार्यकर्ता यहाँ नहीं पाये जाते। फुसलाकर यहाँ कोई अवगुणों को प्रोत्साहन नहीं देता। इस देश में न तो काल कोठरियाँ हैं और न जेल या फाँसीघर। अपराधी को बाँधकर कोड़े लगानेवाले लकड़ी के खंभे या मस्तक और हाथ बांधने वाले कटघरे भी यहाँ दिखाई नहीं पड़ते।

यहाँ दगाबाज दुकानदार या मिस्त्री भी नहीं दिखाई पड़ते। निवासियों में गर्व प्रलोभन और मोह भी नहीं होता। भँगेड़ी, झगड़ालू, या शराबी आदमी भी यहाँ दिखाई नहीं पड़ते। बातूनी और खर्चीली औरतें यहाँ नहीं होतीं। मूर्ख, घमंडी

और ज्ञानी लोगों की धूल तक यहाँ नहीं दिखाई पड़ती। जिद्दी, झगड़ालू, शोर मचाने और गरजनेवाले धोखेबाज और कसम खानेवाले दोस्त यहाँ नहीं होते। दुर्गुणों के कारण उन्नति करनेवाले और गुणों के कारण तिरस्कृत मनुष्य भी यहाँ नहीं पाये जाते। सामंत, जज, सारंगी बजानेवाले और नाच सिखानेवाले मास्टर लोग भी यहाँ नहीं होते।

कई बार मेरे मास्टर ने मुझे कमरे में बैठकर बातें करने की अनुमति दे दी जब कि उसके मित्र उससे मिलने या खाने आते थे। अपने मित्रों के साथ वह मुझसे सवाल पूछता था और मैं जवाब देता था। कभी-कभी मास्टर के साथ मुझे उसके मित्रों के घर जाने का अवसर प्राप्त होता था। मैं कभी-कभी अपने आप बातें शुरू नहीं करता था। केवल उन लोगों के सवालों का जवाब देता था। उस समय मुझे दुख होता था कि सुधारने के बजाय मेरा समय व्यर्थ में व्यतीत हो रहा था। परंतु इन लोगों की बातचीत सुनने में मुझे बहुत आनंद आता था। इन लोगों की बातचीत में व्यर्थ की बातों की बजाय बहुत कम शब्दों में महत्त्वपूर्ण बातें कही जाती है। जैसा कि मैं पहले बता चुका हूँ यहाँ बिना किसी तड़क-भड़क के मर्यादा और सुशीलता का पालन किया जाता है। यहाँ कोई भी आदमी ऐसी बात नहीं करता जिससे उसका तथा उसके मित्रों का दिल खुश न हो जाये। इन लोगों की बातचीत में कोई किसी की बात नहीं काटता है और न गुस्सा ही होता है। परस्पर विरोधी बातें भी इनके यहाँ नहीं की जातीं। इन लोगों का विचार है कि बातचीत करते समय थोड़ी देर शांत रहने में बहुत लाभ होता है और बातचीत करने की कला में भी काफी सुधार हो जाता है।

यह बात मुझे भी सच लगता है क्योंकि थोड़ी देर रुक जाने से दिमाग में नये-नये विचार उत्पन्न हो जाते हैं जिससे बातचीत में जान आ जाती है। इन लोगों का विषय मित्रता, दयालुता, बचत और शांत व्यवस्था होती है। कभी-कभी प्रकृति की बातों या प्राचीन परंपराओं के बारे में बातचीत होती है। गुणों की सीमा प्रकृति के अटूट बुद्धिवादी सिद्धांत या अगली सभा के कार्यक्रम के बारे में वार्त्तालाप होता है। अक्सर ये लोग कवियों की उत्कृष्ट रचनाओं के बारे में भी अपने विचार प्रगट करते हैं।

मैं बिना किसी घमंड के इतना और बता देना चाहता हूँ कि कभी मेरी उपस्थिति ही के कारण इन लोगों में इस प्रकार की बातचीत प्रारम्भ होती थी।

मेरा मास्टर अपने मित्रों को मेरे और मेरे देश के इतिहास के बारे में बताना था। उन सब बातों पर वे लोग बुरी तरह आलोचना करते थे परंतु वे उपयोगी न थीं। अतः मैं उनके बारे में कुछ भी न बतलाऊँगा। मैं केवल इतना ही कहना चाहता हूँ कि मेरे मास्टर ने मेरी अपेक्षा येहो लोगों के स्वभाव का अच्छी तरह अध्ययन किया था। हम लोगों के सभी दोषों और अवगुणों का उसने पता लगा लिया था। यहाँ के येहो लोगों के गुणों को देखकर मैंने इन अवगुणों के बारे में अपने मास्टर से कुछ भी न बताया था। थोड़ी बुद्धि और मेहनत को देखकर अपना निर्णय दिया कि ये बेचारे दीन जानवर क्या कर सकते थे परंतु मास्टर ने अपने अवगुणों के बारे में कोई भी बातचीत नहीं की।

मैं इसे स्पष्ट रूप से स्वीकार करता हूँ कि जो कुछ भी थोड़ा-बहुत ज्ञान मुझे प्राप्त हुआ वह मास्टर के व्याख्यानों का ही परिणाम है। इसके अलावा उसकी तथा उसके मित्रों की बातचीत से भी मुझे काफी लाभ हुआ। यूरोप के बुद्धिमान् लोगों की बड़ी-से-बड़ी सभा में मैं भाषण देने की अपेक्षा सुनना अधिक पसंद करता हूँ। मैंने यहाँ के निवासियों की सुंदरता, ताकत, शक्ति तथा क्षमता के साथ-ही-साथ प्रशंसा की। यहाँ के लोगों में सभी अच्छे गुणों तथा सौजन्य होने के कारण मेरे हृदय में इन लोगों के प्रति अपार श्रद्धा और आदर का भाव उत्पन्न हो गया था। वास्तव में पहले मुझे अपने मास्टर येहो तथा अन्य जानवरों के भय का पता न चला परंतु धीरे-धीरे मैंने देखा कि यह भय, आदर, प्रेम और आभार के रूप में हो गया। तत्काल ही उन लोगो ने मुझे अन्य येहो लोगों से अलग मान लिया।

जब मैंने अपने परिवार, मित्रों, देशवासियों और मनुष्य जाति के बारे में विचार किया तो मुझे उनकी वास्तविक स्थिति का पता चला। स्वभाव और आकार से ये सब लोग येहुओं के ही समान हैं। संभवतः ये लोग उनकी अपेक्षा अधिक समय और बातचीत करने में कुशल मालूम होते हैं। परंतु मेरे देश के लोग अपनी बुद्धि का उपयोग केवल अपने दुर्गुणों को बढ़ाने में ही करते हैं जब कि उनके भाई-बंधु यहाँ इस देश में केवल उन्हीं गुणों का उपयोग करते है, जो उन्हें प्रकृति से प्राप्त हुए हैं। जब कभी मुझे चश्मे या झील में अपनी परछाईं देखने का अवसर प्राप्त हुआ तो मारे भय और घृणा के मैंने अपना मुँह फेर लिया। अपनी परछाईं की अपेक्षा येहो लोगों को देखना मैंने अधिक पसंद किया।

हुइहन्हन्म्स लोगों से बातचीत करके और आनंद से उनकी ओर देखकर मैंने उनकी चाल और स्वभाव की नकल करना शुरू कर दिया। अब मेरी आदत उसी तरह की बन गयी है। मेरे दोस्त अक्सर बतलाते कि मैं घोड़े की तरह दुलकी चलता हूँ। मैं इस बात का बुरा नहीं मानता बल्कि इसका मुझे गर्व है। मैं यह भी स्वीकार करता हूँ कि हुइहन्हन्म्स लोगों की बातचीत और रीति-रिवाजों को भी मैं अपनाने लगा था। इसके लिये लोग मेरी आलोचना भी करने लगे थे परंतु मैं जरा भी विचलित न हुआ।

इन सभी सुविधाओं के कारण अब मैं सुखी था और अपने जीवन को स्थायी बनाने का प्रयत्न कर रहा था। इसी बीच मेरे मास्टर ने नियत समय से कुछ पहले मुझे बुला भेजा। उसके चेहरे को देखकर ही मैं जान गया कि वह बहुत परेशान है। ऐसा मालूम होता था कि जो कुछ भी वह कहना चाहता है उसके लिये वह बहुत दुखी है। थोड़ी देर शांत रहने के बाद उसने कहा कि जो कुछ भी वह कहने जा रहा है, मालूम नहीं, मेरे ऊपर क्या प्रभाव पड़े। उसने बतलाया कि पिछली महासभा में जब येहो लोगों के बारे में विचार हो रहा था ते कुछ प्रतिनिधियों ने मेरे ऊपर एक येहो को रखने का आरोप लगाया। इस येहो से उनका मतलब मुझसे था। उन्होंने यह भी कहा कि जानवर की भाँति न रखकर मुझे हुइहन्हन्म्स की तरह घर में रखा जाता है। मेरे साथ वह अक्सर बात करता पाया गया इसलिये उससे पूछा गया कि मुझसे बात करते समय क्या उसे किसी प्रकार का लाभ या आनंद मिलता है। उसकी इस आदत को बुद्धि और प्रकृति के विपरीत बताया गया।

अतः सभा ने यह तय किया कि या तो वह मेरी जाति के अन्य लोगों की तरह मुझे रखे या मुझे उस देश को तैरकर जाने की आज्ञा प्रदान करे जहाँ से मैं आया था। उस पहले प्रस्ताव को रद्द कर दिया। इन लोगों का विचार था कि यदि मैं इन हुइहन्हन्म्स के साथ रहने लगूँगा तो मेरी बुद्धि के कारण इन लोगों की नीचता और धृष्टता और बढ़ जाएगी। उन लोगों को यह भी भय था कि रात के समय मैं ले जाकर हुइहन्हन्मस के जानवरों को नष्ट करने के लिये आक्रमण करवा दूँगा। उन लोगों के विचार से येहो लोग स्वभाव से ही मरभुक्खे और काम से जी चुराया करते हैं।

मेरे मास्टर ने मुझसे बतलाया कि पड़ोस के हुइहन्हन्म्स की सभा के निर्णय

को लागू करने के लिये बार-बार उससे कहा जाता है। अब वह सभा के निर्णय को और अधिक दिनों तक टाल नहीं सके उसे यह विश्वास था कि मैं तैकर अपने देश को लौट नहीं सकता। इसलिये उसने कहा कि नौकरों और पड़ोसियों की सहयता से एक ऐसी गाड़ी बना लूँ जो पानी में तैरकर मुझे स्वदेश ले जा सके। मैं इस तरह की गाड़ी आसानी से बना सकता हूँ क्योंकि में पहले ही मास्टर से इसके बारे में बता चुका था। व्यक्तिगत विचारों को प्रगट करते हुए उसने कहा कि वह तो मुझे जीवनपर्यंत ही अपने साथ रखने के लिये तैयार है। साथ ही उसने देखा कि मैं गंदी आदतों और स्वभाव को छोड़ रहा हूँ। इसके अलावा अपनी सामर्थ्य के अनुसार मैं उन लोगों के स्वभाव और आदतों की नकल भी करने लगा था।

यहाँ मैं पाठकों को बता देना चाहता हूँ कि इस देश में सभा के निर्णय को हन्हलोयन कहा जाता हैं। जहाँ तक मेरा विचार है इस शब्द का अर्थ है उपदेश का प्रोत्साहन। ये लोग नहीं जानते की बुद्धिवादी जीवों को किस तरह पुकारकर बाध्य किया जाना चाहिए। उसे तो केवल सलाह और उपदेश दिया जाता है क्योंकि किसी भी मनुष्य की बुद्धि को उसी समय नष्ट किया जा सकता है जबकि वह बुद्धिवादी न रहे।

मास्टर की इस बातचीत से मुझे अत्यंत दुख और निराशा हुई। अपनी पीड़ा और कष्टों को सोच कर मैं बेहोश हो गया और मास्टर के पैरों पर गिर पड़ा। थोड़ी देर बाद होश में आने पर उसने मुझे बतलाया कि उसके विचार से मैं मर चुका था। इसका कारण यह था कि इन लोगों के यहाँ इस तरह की मानसिक तथा शारीरिक बीमारियाँ नहीं पायी जातीं। मैंने कराहते हुए उत्तर दिया कि मृत्यु मेरे लिये बड़ी खुशी की बात होती। मैंने उससे कहा कि यद्यपि मैं सभा के निर्णय की आलोचना कुछ भी नहीं चाहता तथापि अपनी तुच्छ बुद्धि के कारण यह जरूर कहूँगा कि यह निर्णय कठोर है। मैं एक लीग भी तैर नहीं सकता जबकि यहाँ से किसी भी तरफ सौ लीग दूर जाने पर ही भूमि मिल सकती है। इसके अलावा इस देश में नाव बनाने के सामान की भी कमी है। परंतु फिर भी उसके अनुग्रहों के कारण आज्ञा का पालन किया जाएगा। मैंने उससे कह दिया कि यह काम असंभव प्रतीत होता है और अब मेरा सर्वनाश निश्चित है। संभवतः मैं प्राकृतिक मौत से ही मरूँगा। परंतु हो सकता है आश्चर्यजनक साहसिक कार्य के द्वारा मेरा

जीवन बच भी जाये तो मेरे लिये अब यह संभव नहीं है कि इन येहो लोगों के साथ रहकर पुराने पतित जीवन को पुनः प्रारंभ करूँ। इन लोगों के साथ रहने से मुझे आगे बढ़ने की प्रेरणा और अच्छे कार्य को करने के लिये प्रोत्साहन कौन देगा।

मुझे ज्ञात हो गया था कि बुद्धिमान हुइहन्हन्म्स लोगों ने जो निर्णय किया है, वह अडिग है। मेरे जैसे तुच्छ येहो की दलीलों का उन पर कोई प्रभाव न पड़ेगा। अतः मैंने अपने मास्टर को नाव बनाने में नौकर की सहायता के लिये धन्यवाद दिया। मैंने और प्रार्थना की कि मुझे काम के लिये काफी समय दिया जाये। मैंने उससे बताया कि अब मैं एक गरीब येहो की भाँति रहने का प्रयत्न करूँगा। यदि मैं इंग्लैंड वापस पहुँचा भी तो मुझे यह आशा नहीं है कि मैं अपनी जाति वालों के लिये उपयोगी और सहायक हो सकूँगा। मैं वहाँ प्रसिद्ध हुइहन्हन्म्स लोगों के गुणगान किया करूँगा और मनुष्यों के सामने यह प्रस्ताव करूँगा कि हुइहन्हन्म्स लोगों का अनुकरण करें।

मेरे मास्टर ने दयापूर्ण थोड़े से शब्दों के द्वारा मेरी बात का उत्तर दिया। उसने मुझे नाव बनाने के लिये दो मास का समय दे दिया। मास्टर ने मेरे दोस्त लाल भूरे टट्टू को यह आज्ञा दी कि मेरी इच्छानुसार वह मेरी सहायता करे। मैं मास्टर से पहले ही बता चुका था कि इसकी सहायता मेरे लिये काफी होगी। उसके हृदय में काफी दया थी।

अपने दोस्त लाल भूरे टट्टू के साथ सबसे पहले मुझे उस समुद्री किनारे को देखना था जहाँ से मुझे अपने देश को प्रस्थान करना था। ऊँचाई पर चढ़कर मैंने समुद्र के चारों ओर नजर दौड़ाना शुरू किया। उत्तर-पूर्व की ओर मुझे एक छोटा द्वीप दिखाई पड़ा। जेबी दूरबीन निकालकर मैंने फौरन उसे देखा। गणना करने पर मालूम हुआ कि यह द्वीप यहाँ से 5 मील से अधिक दूर नहीं है। परंतु लाल भूरे टट्टू ने इसे एक नीला बादल बताया क्योंकि इन लोगों के हिसाब से इस देश के अतिरिक्त और कोई देश है ही नहीं।

जब मुझे इस द्वीप का पता चल गया तो मैंने इस बारे में सोचना छोड़ दिया। मैंने निश्चय कर लिया कि यदि संभव हो सका तो भाग्य के ऊपर परिणाम छोड़कर इस द्वीप में ही पहली शरण लूँगा।

मैं घर लौटा। लाल भूरे टट्टू की सलाह लेकर हम लोग कुछ दूर एक झाड़ी

के पास आये। मैंने अपने चाकू और उसने अपनी तेज फन्नी से एक लकड़ी के चारों और उस झाड़ी को काटकर कारीगरी से बाँधा। बल्लू के पेड़ों से छड़ी बनाकर और कुछ बड़ी टहनियाँ काट-काटकर उसमें लगायी गयीं। परंतु अपनी इस नाव बनाने के बारे में बताकर मै पाठकों को पेरशान न करूँगा। केवल इतनी बात बता देना ही काफी है कि लाल भूरे टट्टू की सहायता से 6 सप्ताह में ही मैंने हिंदुस्तानी नाव से कुछ बड़ी एक नाव तैयार कर ली। येहो लोगों की खाल को पटुए के तागे से सिलकर नाव के ऊपर अच्छी तरह चढ़ा लिया। इसी तरह मैंने इसी जानवर की खाल से नाव का पाल भी बना लिया, इसके लिये मैंने अधिकतर जवान येहो की ही खालों का प्रयोग किया क्योंकि बुड्ढे येहुओं की खाल मोटी और कड़ी हो जाती है। इसी तरह मैंने चार पतवार भी बना लिये। मैंने खरगोश और चिड़ियों का गोश्त भी काफी जमा कर लिया। अपने साथ एक बर्तन में दूध और दूसरे में पानी भी रख लिया।

अपने मास्टर के मकान के पास एक बड़े तालाब में मैंने नाव का परीक्षण किया और जो उसमें रह गई कमी को ठीक किया। येहुओं की चर्बी से मैंने छेद भर दिये। अब वह इस योग्य हो गयी कि मुझे और मेरे सामान को आसानी से ले जा सकती थी। जब वह पूरी तरह बनकर तैयार हो गयी तो उसे एक गाड़ी में लदवाकर समुद के किनारे लाया गया। यह गाड़ी येहो लोगों द्वारा खींची गयी थी। लाल भूरे टट्टू और एक नौकर की सहायता से यह काम हुआ था।

जब सब चीजें तैयार हो गयीं और मेरी बिदाई का दिन आ गया तो मैंने मास्टर, मालकिन और पूरे खानदानवालों से विदा माँगी। उस समय मेरी आँखों से आँसू बह रहे थे और दिल दुख से बैठा जा रहा था। परंतु मेरा मास्टर अपनी उत्सुकता, और संभवतः जहाँ तक मेरा विचार है, दयालुता के कारण अपने मित्रों के साथ मुझे विदा करने समुद्र-तट पर आया। एक घंटे तक मुझे ज्वार भाटे का रास्ता देखना पड़ा। थोड़ी देर बाद मैंने देखा कि भाग्यवश हवा उसी द्वीप की ओर चल रही है जहाँ मुझे जाना है तो मैंने मास्टर से दुबारा अंतिम विदा ली परंतु जैसे ही मैं अपने मालिक के खुरों को चूमने के लिये जमीन पर लेटने को हुआ उसने मेरे मुँह की ओर धीरे से अपना खुर उठा लिया।

मुझे याद नहीं कि इस अंतिम बात को बताने के लिये मुझे कितनी कमी करनी पड़ी थी। कुछ लोग यह सोचकर खुश होंगे कि यह बिल्कुल असंभव बात

है। मुझ जैसे तुच्छ आदमी को मेरे मास्टर जैसा महान् आदमी इतना आदर कैसे प्रदान करेगा। मैं यह भी नहीं भूला हूँ कि कुछ यात्री असाधारण अनुग्रह के लिये कितना घमंड करते हैं। परंतु यदि इन आलोचकों को हुइहन्हन्म्स लोगों के अच्छे और दयालु स्वभाव से परिचित करा दिया जाये तो अवश्य ही वे अपनी राय बदल देंगे।

मास्टर की उपस्थिति में मैंने शेष हुइहन्हन्म्स लोगों के प्रति अपना आदर प्रगट किया। इसके बाद मैं अपनी नाव पर आ गया और किनारे से समुद्र की ओर चल पड़ा।

11

मैंने अपनी यह निराश यात्रा 15 फरवरी, 1714-15 ई. को प्रातःकाल नौ बजे प्रारंभ की। वायु अनुकूल थी। इसलिये मैंने पहले डाँड से नाव चलाना शुरू किया। परंतु फिर यह सोचा कि इस तरह मैं बहुत थक जाऊँगा और यह भी संभव है कि हवा बदल जाये इसलिये मैंने नाव का पाल खोल दिया। जहाँ तक मेरा विचार है डेढ़ लीग प्रति घंटे की चाल से मेरी नाव चल रही थी। अनुकूल ज्वार-भाटे के कारण मुझे आगे बढ़ने में काफी मदद मिल रही थी। जब तक मैं दिखलाई पड़ता रहा मेरे मास्टर व उसके मित्र समुद्र के किनारे खड़े रहे। मेरा मित्र लाल भूरा टट्टू कह रहा था कि "ओ प्यारे मित्र! सावधानी से यात्रा करना।"

मेरा विचार था कि यदि संभव हुआ तो मैं एक निर्जन द्वीप की खोज करूँगा। मेहनत करके आवश्यकता की चीजों को जुटाकर मैं वहीं रहने लगूँगा। यूरोप के उदार-से-उदार देश में भी प्रधानमंत्री बनने की अपेक्षा मैं उस निर्जन द्वीप में रहना पसंद करूँगा। येहो लोगों के समाज और सरकार में दुबारा रहने की मेरी बिल्कुल इच्छा न थी। क्योंकि इन लोगों की वास्तविकता का पता मुझे लग गया था। ऐसे एकांत और निर्जन द्वीप में स्वतन्त्रतापूर्वक रहकर मैं स्वेच्छा से हुइहन्हन्म्स लोगों के गुणों पर विचार करूँगा। व्यावहारिक जीवन में उन गुणों और विशेषताओं को आत्मसात करने का प्रयत्न करूँगा। इस द्वीप में रहकर मुझे

अपनी पतित और भ्रष्ट जाति के दुर्गुणों में फँसने का अवसर प्राप्त न हो सकेगा।

पाठकों को याद होगा कि जिस समय मेरे जहाज के कर्मचारियों ने विद्रोह करके मुझे कोठरी (केबिन) में बंद कर दिया था उस समय यह नहीं मालूम था कि मैं कहाँ ले जाया जा रहा हूँ। इसके बाद मल्लाह लोग एक बड़ी नाव में बिठाकर समुद्र के किनारे लाये। कसम खाकर उन मल्लाहों ने यह बतलाया था कि यह संसार का कौन-सा भाग है, उन्हें नहीं मालूम है। पता नहीं इस तंथ्य में कहाँ तक सत्यता थी। फिर भी जहाँ तक मेरा अनुमान है उस समय मैं केप आफ गुड होप से करीब 10 डिगरी दक्षिण की ओर या 45 डिगरी दक्षिण अक्षांश में था। मैंने चुपके से उन मल्लाहों की बातें सुन ली थीं और इसी से मुझे इन बातों का आभास मिला। जहाँ तक मेरा विचार है उस समय वे लोग मेडागास्कर की यात्रा कर रहे थे। यद्यपि यह सच है कि उस समय मेरा यह विचार कल्पना पर आधारित था। तथापि पूर्व की ओर मैंने जाने का निश्चय कर लिया। मुझे आशा थी कि मैं इस तरह से न्यू हालैंड के दक्षिणी-पश्चिमी किनारे पर पहुँच जाऊँगा। यह भी संभव था कि पश्चिम की तरफ शायद मेरी पसंद का कोई द्वीप ही मिल जाये।

पश्चिमी हवा जोरों से चल रही थी। सायंकाल छः बजे गणना करने के बाद मुझे यह पता चला कि पूर्व की ओर कम-से-कम अट्ठारह लीग मैं आ चुका था। इसी समय आधे लीग की दूरी पर मुझे एक छोटा-सा द्वीप दिखाई पड़ा। मैं जल्दी ही उस जगह पर पहुँच गया। वहाँ पहुँचने पर पता चला कि वह केवल एक चट्टान थी। तूफान की चोटों के कारण उसमें मेहराब से बन गये थे। अपनी नाव रोककर मैं अपनी चट्टान के उत्तर चढ़ गया। वहाँ से मैंने देखा थोड़ी दूर पर ही दक्षिण से उत्तर की ओर एक भूमिखंड फैला हुआ है। सारी रात मैंने उस नाव में बितायी। सवेरे तड़के ही मेरा इरादा यात्रा आरंभ कर देने का था। सात घंटे में ही मैं न्यू हालैंड के दक्षिणी पूर्वी किनारे पर पहुँच गया। इससे मुझे अपने पुरोन मत का प्रमाण मिल गया कि नक्शों और खाकों में इस देश को वास्तविक स्थान से कम-से-कम तीन डिगरी पूर्व की ओर बढ़ाकर दिखाया गया है। इस विचार को मैंने पहले योग्य मित्र 'हरमेन मोल' के सम्मुख रखा था, इसके प्रमाण में मैंने अपने तर्क भी उपस्थित किये परंतु उन्होंने दूसरे लेखकों की विचारधारा को माना।

उतरने पर मुझे कोई भी निवासी न दिखाई पड़ा। निहत्थे होने के कारण मैं अधिक दूर तक जाने का साहस न कर सका। किनारे पर मुझे कुछ घोंघ मछली मिल गयीं। मैंने उन्हें उसी तरह खा डाला। आग जलाने का साहस इसलिये न हुआ कि कहीं यहाँ के निवासियों को मेरा पता ना लग जाये। तीन दिन तक अपना खाना बचाने की गरज से मैंने लिम्पेट्स (linpets) और सीप घोंघे खाकर बिताये। सौभाग्य से मुझे अच्छे पानी का एक स्रोत मिल गया जिससे मुझे बड़ा आराम मिला।

चौथे दिन प्रातःकाल तड़के मैं कुछ दूर निकल गया। करीब पाँच सौ गज की ऊँचाई पर मैंने बीस या तीस निवासियों को देखा। इन लोगों में बच्चे और आदमी भी शामिल थे। धुएँ से मैंने यह अनुमान लगाया कि ये लोग उनमें आग के पास बैठे हुए हैं। एक ने मुझे देखकर दूसरों को बतलाया। उनमें से पाँच लोग औरतों और बच्चों को आग के पास ही छोड़कर मेरी ओर बढ़े। मैं बहुत जल्दी अपनी नाव की ओर भागा। नाव में बैठकर मैं उसे फौरन चलाने लगा। असभ्य लोगों ने भागते देखकर मेरा पीछा किया इससे पहले कि समुद्र में मैं बहुत दूर जा सकूँ एक तीर मेरी बायीं कोहनी में लगा। इस घाव का निशान मेरे साथ ही कब्र तक जाएगा। मुझे डर था कि तीर कहीं जहर से बुझा न हो। जल्दी-जल्दी नाव खेकर जब मैं तीरों की मार से बाहर आ गया तो घाव को मुँह से चाटकर पट्टी बाँध दी। उस दिन समुद्र काफी शांत था।

उस समय मेरी समझ में नहीं आ रहा था कि मैं क्या करूँ। दुबारा उस द्वीप में जाने का साहस न हुआ। मैं उत्तर की ओर ही रुका था। मेरे लिये अब डाँड चलाना आवश्यक हो गया था, क्योंकि हवा धीमी थी परंतु उत्तर-पश्चिम चलने के बाद मेरे खिलाफ थी। सुरक्षित स्थान ढूँढ़ते समय मुझे उत्तर-पूर्व की ओर एक जहाज की झलक दिखाई पड़ी। उस समय मैं दुविधा में था कि जहाज का इंतजार किया जाये या न किया जाये। परंतु येहो लोगों से अत्यंत घृणा हो जाने पर मैंने नाव को दक्षिण को चलाना शुरू कर दिया। थोड़ी ही देर में उसी चट्टान के पास फिर आ गया जहाँ से प्रातःकाल रवाना हुआ था। योरोपियन येहो लोगों के साथ रहना अधिक पंसद किया। नाव को जहाँ तक हो सका मैं किनारे खींच लाया, छोटे चश्मे के पास ही मैंने स्वयं को एक छोटे पत्थर से छिपा लिया। मैं पहले ही यह बता चुका हूँ कि चश्मे का पानी बहुत अच्छा था।

चट्टान से आधे लीग की दूरी तक वह जहाज आया। साफ पानी लाने के लिये उसमें से एक बड़ी नाव डाली गयी। इसमें पानी भरने के लिये बर्तन रखे हुए थे। ऐसा मालूम होता है कि यह स्थान अच्छे पानी के लिये प्रसिद्ध था परंतु मैं उस नाव को तभी देख पाया जब कि वह बिल्कुल किनारे आ गयी। उठकर छिपने के लिये अब दूसरे स्थान तक जाना संभव न था। उतरने पर नाविकों को मेरी नाव दिखाई पड़ी। छानबीन करने पर उन्होंने यह आसानी से पता लगा लिया कि इस नाव का मालिक अधिक दूर न होगा। चार लोगों ने मुझे वहाँ प्रत्येक दरार और खोह में ढूँढ़ना शुरू किया। वे सब लोग हथियारबंद थे। अंत में उन लोगों ने मुझे एक पत्थर के पीछे पट लेटे ढूँढ़ लिया। उन लोगों को मेरी अजीब पोशाक देखकर अत्यंत अचंभा हुआ। मेरा कोट खाल का बना था, जूते का सोल लकड़ी का था और मोजे रोएँदार चमड़े के बने थे। इन सब बातों से उन्होंने सोचा कि मैं यहाँ का रहनेवाला नहीं हूँ क्योंकि यहाँ के लोग नंगे रहते थे।

उनमें से एक पुर्तगाली ने मुझे उठने की आज्ञा दी और पूछा कि मैं कौन हूँ। मैं वह भाषा अच्छी तरह जानता था। खड़े होकर कहा कि मैं एक गरीब येहो हूँ। हुइहन्हन्म्स लोगों ने मुझे अपने यहाँ से निकाल दिया है। मैंने इच्छा प्रगट की कि वे कृपया मुझे छोड़कर चले जाएँ। अपनी भाषा में उत्तर पाकर उन लोगों को बड़ा ताज्जुब हुआ। मेरे चेहरे को देखकर उन लोगों को विश्वास हो गया कि मैं यूरोपीय हूँ परंतु जब मैंने उन लोगों को येहो और हुइहन्हन्म्स शब्द के अर्थ बताये तो उन्हें बहुत दुःख हुआ। मेरी घोड़े की तरह हिनहिनाने की बोली को सुनकर वे सब लोग हँसने लगे। डर और घृणा के कारण मैं काँपने लगा। उन लोगों से दुबारा चले जाने की प्रार्थना करके मैं अपनी नाव की ओर चल पड़ा परंतु वे लोग फिर मेरे पास आ गये और पूछने लगे कि मैं किस देश का रहनेवाला हूँ, कहाँ से आ रहा हूँ ? इसी तरह के दूसरे सवाल भी उन लोगों ने मुझसे पूछा।

मैंने उन्हें बतलाया कि मेरा जन्म इंग्लैंड में हुआ था। पाँच वर्ष पूर्व मैं इंग्लैंड से रवाना हुआ था। उस समय मेरे और उनके देश में परस्पर शांतिपूर्ण संबंध थे। मुझे आशा थी कि वे लोग मुझे अब शांत नहीं समझेंगे। मैं उन्हें कोई भी नुकसान नहीं पहुँचाना चाहता था। मैं एक गरीब येहो एकांत और निर्जन जगह को खोज रहा था जहाँ बचे हुए दुर्भाग्यपूर्ण जीवन को बिता सकूँ।

जब वे लोग आपस में बातें करने लगे तो मुझे अत्यंत प्राकृतिक मालूम

हुआ। ऐसा मालूम हुआ कि मानो इंग्लैंड में कोई बिल्ली या कुत्ता बोलने लगा हो या हुइहन्हन्म्स लोगों के देश के येहो बोलने लगे हों। ईमानदार पुर्तगाली लोगों को मेरी विचित्र पोशाक देखकर बहुत ताज्जुब हुआ, बातचीत करने के अजीब ढंग से उन्हें बड़ा अचरज हुआ। फिर भी उन लोगों ने मेरी सारी बातें समझ ली थीं। उनका बर्ताव आदमियों की तरह बहुत अच्छा था। उन लोगों ने कहा कि कप्तान मुझे लिस्बन तक मुफ्त ले जाएगा। वहाँ से मैं अपने देश को आसानी से जा सकता हूँ।

उनमें से दो मल्लाह जहाज में वापस लौटकर कप्तान को यह बताने जाना चाहते थे कि उन लोगों ने क्या देखा और क्या पाया है तथा अब उसकी क्या आज्ञा हैं परंतु इसी बीच जब तक कि मैं कसम खाऊँ कि मैं भागूँगा नहीं उन लोगों ने मुझे जबर्दस्ती पकड़ लिया। मैंने सोचा कि उनका विरोध करना उचित नहीं है। उन लोगों को मेरी कहानी जानने की बड़ी उत्सुकता थी परंतु उन लोगों को मैं अधिक संतोष न दे सका। उन सब लोगों का विचार था कि मुसीबतों और दुर्भाग्य के कारण मेरा दिमाग ठीक नहीं हैं। दो घंटे में जो नाव पानी के वर्तनों के साथ गयी थी मुझे लेकर जहाज के पास वापस लौट आयी। कप्तान ने आज्ञा दी कि मुझे जहाज के ऊपर लाया जाये। अपनी स्वतंत्रता की रक्षा के लिये मैं झुक गया परंतु सब बेकार हुआ। रस्सियों से बाँधकर वे लोग मुझे नाव से जहाज पर लाये और मुझे कप्तान के कमरे को ले गये।

मैंने कप्तान से अपनी राम कहानी संक्षेप में कह सुनायी। मैंने उससे अपने आदमियों के षड्यंत्र, समुद्र किनारे छोड़ दिये जाने और पाँच वर्ष तक रहने के बारे में भी बतलाया। इन सब बातों को सुनकर उसे ऐसा मालूम हुआ कि मानो वह स्वप्न देख रहा हो। उस समय मैं एक बड़ा अपराधी था क्योंकि झूठ बोलने की कला मैं बिल्कुल ही भूल चुका था। सभी देशों में जहाँ कहीं येहो रहते और राज्य करते हैं वहाँ झूठ बोलने का बहुत प्रचार है। इसलिये अपनी जाति के दूसरे लोगों को झूठा समझने की आदत इन लोगों में पड़ गयी है। मैंने पूछा कि क्या उसके देश मे झूठ बोलने की आदत प्रचलित है।

मैंने उसे विश्वास दिलाया कि करीब-करीब भूल गया हूँ कि झूठ से क्या मतलब है। यदि मैं हुइहन्हुन्हन्म्स देश में हजार वर्ष रहता तो मुझे छोटे-से-छोटे नौकर के मुँह से भी झूठ न सुनायी पड़ता। मुझे इस बात की बिल्कुल परवाह न

थी कि उसने मेरी बात का विश्वास किया या नहीं। परंतु फिर भी उसकी दया और अनुग्रह के कारण मैंने उसे यह छूट दे दी कि वह अपने संदेहों को दूर कर ले जिससे उसे सच बात का पता लग जाये।

कप्तान बुद्धिमान व्यक्ति था। कई बार उसने मुझे रोक कर अपने संदेह दूर किये। अंत में उसे मेरी सत्यता पर विश्वास हो गया, परंतु आगे कहा कि मुझे इस बात के लिये कसम खानी पड़ेगी कि पूरी यात्रा में मैं उसके साथ शांतिपूर्वक रहूँगा। अपना जीवन सुरक्षित रखूँगा अन्यथा उसे बाध्य होकर मुझे एक कैदी की भाँति लिस्बन तक ले जाना पड़ेगा। मेरी सत्यता को देखकर ही उसके दिमाग में इस तरह के विचार उठे थे। उसकी इच्छानुसार मैंने वादा कर लिया परंतु इसके साथ ही मैंने यह भी कहा कि लौट कर येहो लोगों के साथ रहने की अपेक्षा मैं यहाँ मुसीबत झेलकर रहना पसंद करता हूँ।

हम लोगों की यात्रा निर्विघ्न समाप्त हुई और कोई महत्त्वपूर्ण घटना न घटी। 5 नवंबर, 1915 ई. को हम लिस्बन पहुँच गये। उतरने पर कप्तान ने मुझे अपना लबादा पहन लेने पर जोर दिया, नहीं तो देखनेवालों की भीड़ मेरे सामने लग जाएगी। मुझे उसके घर पहुँचाया गया। प्रार्थना के अनुसार मुझे मकान के पिछले ऊपरी हिस्से पर पहुँचाया गया। पर मैंने उससे प्रार्थना की कि वह किसी से भी हुइहन्हन्म्स लोगों के बारे में न बताये। इससे केवल यही न होगा कि भीड़-की-भीड़ मुझे देखने आयेगी। बल्कि डर यह है कि लोग मुझे कहीं क़ैद न कर लें और ऊपर मुकदमा चला कर वहीं मुझे जला न दें।

कप्तान ने आग्रह किया कि मैं कोट-पैंट पहनूँ परंतु मैं यह नहीं चाहता था कि मेरी नाप लेने के लिये दर्जी आये। डान पेड्रो का आकार मेरी ही तरह था इसलिये मुझे कपड़े नपवाने की जरूरत न पड़ी और उसके कपड़े मेरे बिल्कुल ठीक आ गये। इसके अलावा जरूरत की सभी नई चीजें उसने मुझे दिलवा दी। उन्हें इस्तेमाल करने के पहले मैंने 24 घंटे सुखा लिया था।

कप्तान के पत्नी नहीं थी, केवल तीन नौकर थे। खाना खाते समय उनमें से कोई भी सामने नहीं आता था। सब लोगों का स्वभाव इतना अच्छा था कि उन लोगों का साथ मुझे पसंद आने लगा। उन लोगों का मुझ पर इतना असर हुआ कि अब मैं पिछली खिड़की से झाँकने का साहस करने लगा। धीरे-धीरे मुझे दूसरे कमरे में लाया गया। एक बार मैंने खिड़की से बाहर सड़क पर झाँका, परंतु

डर के कारण झट अपना सिर अंदर कर लिया। एक सप्ताह में कप्तान ने मुझे इस योग्य बना दिया कि मैं दरवाजे के नीचे तक जाने लगा। धीरे-धीरे मेरा डर कम होने लगा, परंतु घृणा और अपमान बढ़ रहा था।

दस दिन के बाद डोन पैड्रो ने मुझसे कहा कि अब मैं अपने देश जाकर बीवी-बच्चों के साथ रहने लायक हो गया हूँ। मैंने इस आदमी को अपनी घरेलू बातें बतायी थीं। उसने मुझे बतलाया कि शीघ्र ही एक अंग्रेजी जहाज जाने वाला है। उसने यात्रा की सभी आवश्यक चीजें जुटा देने का वचन दिया। मेरे साथ उसकी हुई बातचीत को यहाँ बताना उचित नहीं है। उसने कहा कि मेरी इच्छानुसार निर्जन और एकांत द्वीप में मिलना मुश्किल है, परंतु अपना शेष जीवन मैं एक वैरागी की तरह घर में भी बिता सकता हूँ।

अंत में मैंने उसका प्रस्ताव स्वीकार कर लिया। 24 नवंबर को मैंने लिस्बन छोड़ दिया। मुझे एक अंग्रेजी जहाज मिल गया था। मैंने यह पता नहीं लगाया कि इसका मालिक कौन है। डोन पैड्रो मेरे साथ जहाज तक आया, चलते समय उसने 20 पौंड दिये। इसके बाद उसने मुझसे विदा ली और जाते समय मुझसे चिपट गया। इस अंतिम यात्रा में मैंने कप्तान व उसके किसी भी आदमी से बात तक नहीं की। बीमार होने का बहाना करके मैं अपने कमरे में पड़ा रहता था। 5 दिसंबर, 1715 को प्रातःकाल नौ बजे जहाज ने इंडस में लंगर डाला। दिन के तीन बजे मैं सुरक्षित अपने घर रेड्रिफ पहुँच गया।

मेरी पत्नी तथा अन्य परिवार जन मुझे देखकर अत्यंत खुश व अयंमित था। उन लोगों को विश्वास हो गया था कि मैं मर चुका हूँ परंतु मैं सच बतला रहा हूँ कि इन लोगों को देखकर मुझे अत्यंत ग्लानि, निराशा और घृणा हुई। यह जानकर कि यह सब लोग मेरे निकट के संबंधी हैं मुझे और घृणा हुई। दुर्भाग्य से हुइहन्हन्म्स देश से निकाले जाने के बाद डोन पैड्रो डी मैडेज से बातचीत करने के बाद मुझे मजबूरन येहो लोगों के साथ रहना पड़ रहा है, परंतु मेरा हृदय सदैव हुइहन्हन्म्स लोगों के गुणों और उच्च विचारों से ओतप्रोत रहता था।*

---

* लेखक के इस अंतिम वाक्य से मनुष्य जाति के प्रति उसकी घृणा का पता चलता है। बोलिंग ब्रीक की यात्रा लिखते समय भी उसकी यही स्थिति थी। उसने लिखा था कि अब यह पागल येहो की भाँति बिल में मर रहा है।

12

आदरणीय पाठकों को मैंने 16 वर्ष सात महीने की अपनी यात्राओं के बारे में बताया। मैंने आप लोगों को सभी सच बातें बतलायी हैं। दूसरे लेखकों की तरह मैं भी मनगढ़ंत और विचित्र कहानियाँ बतलाकर आपको आश्चर्य में डाल देता, परंतु मैंने आप लोगों के सामने सत्य घटनाओं का वर्णन सरल और साधारण भाषा में किया। मेरा ध्येय था आप लोगों को सच बातें बतलाना न कि मनोरंजन करना।

हम यात्री लोग उन दूरस्थ स्थानों की यात्रा करते हैं यहाँ अंग्रेज या यूरोपियन लोग बहुत कम जा पाते हैं। इस कारण समुद्र स्थल के विचित्र और आश्चर्यजनक जंतुओं के बारे में बतलाना हमारे लिये बहुत आसान है। मेरा विचार है कि एक यात्री का मुख्य ध्येय मनुष्य को बुद्धिमान् और उन्नत बनाना होता है। विदेशी स्थानों में जो कुछ भी उसने अच्छी-बुरी चीजें देखी हैं उन्हीं के द्वारा वह लोगों का मानसिक विकास कर सकता है।

मेरी इच्छा है कि एक कानून इस तरह का भी बना दिया जाये कि प्रत्येक यात्री अपनी यात्रा प्रकाशित करने से पहले मुख्य न्यायाधीश के सामने प्रस्तुत हो। वहाँ शपथपूर्वक कि अपनी यात्रा के वर्णन में उसने पूर्ण रूप से सत्य का पालन किया है। केवल इसी तरह संसार को धोखे से बचाया जा सकता है। कुछ लेखक नाम कमाने के लिये लिये असावधान जनता को झूठी बातें बतलाया करते हैं। बाल्यकाल में मुझे यात्रा की पुस्तकें पढ़ने का बहुत शौक था परंतु अब संसार के अधिकांश देश का भ्रमण करने के बाद मैं इस योग्य हो गया हूँ कि उन लेखकों की झूठी बातों की आलोचना करूँ। इस तरह के साहित्य को पढ़कर मुझे बहुत निराशा हुई। मुझे गुस्सा आता है कि किस निर्लज्ज्ता से भोली-भाली जनता को बेवकूफ बनाया जा रहा है। अतः आप लोगों को विश्वास हो गया कि मेरी इन बातों को देशवासी अस्वीकार न करेंगे। मैंने बना लिया था कि मैं सत्य को कभी न छोड़ूँगा। इसके अतिरिक्त किसी भी लालच में आकर मैं सच्चाई का गला न घोटूँगा। मैंने यह भी निश्चय कर लिया कि अपने योग्य मास्टर और हुइहन्हन्म्स लोगों के उच्च आदेशों का पालन करूँगा। बहुत दिनों तक मैंने इन लोगों की विद्वत्ता और योग्यता से लाभ उठाया है।

मैं अच्छी तरह जानता हूँ कि उन पुस्तकों से लेखकों को बहुत कम यश मिलता है, जिनमें न तो योग्यता होती है और न विद्वत्ता। इस प्रकार की पुस्तकें केवल पत्रिका की कहानी तक सीमित रह पाती है। इसी तरह मुझे यह भी मालूम है कि यात्रा-लेखक शब्दकोश बनानेवालों की तरह जल्दी ही भुला दिये जाते हैं। जब कभी उनकी किताब से बड़ी और भारी आकार-प्रकार की दूसरे पुस्तक तैयार हो जाती है तो उनका नामो निशान भी नहीं रह जाता है। संभव है कि कुछ यात्री ऐसे भी हों जो उन स्थानों का भ्रमण करें जिनका वर्णन मैंने इस पुस्तक में किया है। यदि इन यात्रियों को कहीं गलती मिली तो उसे हटाकर नयी खोज के बारे में बताएँगे। मुझे ढकेल कर मेरे स्थान पर ये लोग खड़े हो जाएँगे। इन लोगों के कारण यह दुनिया भूल जाएगी कि मैं भी एक लेखक था। यदि मैंने केवल यश प्राप्त करने के लिये ही लिखा होता तो मुझे इससे बहुत आश्चर्य होता परंतु मुझे भी तनिक असंतोष न हुआ क्योंकि मेरा ध्येय तो जनता की भलाई करना है।

कौन ऐसा व्यक्ति होगा जिसे हुइहन्हन्म्स लोगों की योग्यता और गुणों को पढ़कर अपने दोषों के लिये पश्चात्ताप न होगा। उसे शर्म आयेगी कि अपने देश पर राज्य करनेवाले बुद्धिमान् मनुष्यों का कितना पतन हो गया है। मैं येहो लोगों द्वारा शासित उन दूर देशों के बारे में अब कुछ और अधिक कहना नहीं चाहता। इस देशों में ब्रोबडिंग नैग देश के निवासी ही कुछ कम भ्रष्ट हैं। इन लोगों की नैतिकता और सरकार के सिद्धांतों को यहाँ के लोग प्रसन्नतापूर्वक स्वीकार करेंगे। मैं इस बारे में अब और कुछ कहना नहीं चाहता, पाठक गण ही इस बारे में सोचकर अपना मत निश्चित करेंगे।

मुझे दुख है कि लोग मेरी इस पुस्तक की भी आलोचना करेंगे। ऐसे लेखक के प्रति क्या दोष लगाये जा सकते हैं जिसने केवल उन दूर देशों को सत्य बातों के ही बारे में लिखा है। जहाँ से न तो व्यापार ही हो सकता है और न किसी प्रकार का संबंध स्थापित किया जा सकता है। अत्यंत सावधानी के साथ मैंने साधारण यात्रा लेखकों के उन दोषों से अपने को दूर रखा है जिनके लिये वे बदनाम हैं। इनके अलावा मैं किसी भी पार्टी या दल का पक्षपात नहीं करता। किसी भी आदमी या संप्रदाय के प्रति मुझे ईर्ष्या या द्वेष नहीं है। मैंने निष्पक्ष रूप से ही सत्य बातों को लिखा है।

मैं मनुष्य जाति को ऊँचा उठाने के पुनीत कार्य के लिये लिखता हूँ।

हुइहन्हन्म्स देश में कुछ समय रहने के कारण मैं इस योग्य हो गया हूँ कि अच्छी बातें बता सकूँ। मैं किसी लाभ या ख्याति के लिये नहीं लिखता। ऐसा कोई शब्द भी प्रयोग में नहीं लाता जिसके बारे में पाठकों को सोचना पड़े। जो लोग मेरी बातों का अनुकरण करते हैं उन्हें कोई भी कष्ट नहीं होता इसलिये मैं अपने को निःसंकोच दोष-रहित लेखक घोषित कर सकता हूँ। आलोचकों, तत्त्ववेत्ताओं और अनुसंधान करनेवालों को मेरी पुस्तक में अपनी योग्यता दिखाने का मौका नहीं मिलेगा।

मैं स्वीकार करता हूँ कि इंग्लैंड की प्रजा होने के कारण मुझसे अपनी खोजों के बारे में राजमंत्री से सब कुछ बता देने के लिये कहा गया था। इंग्लैंड के किसी भी आदमी की खोज राजा की खोज मानी जाती है। मुझे शंका है कि क्या मेरी खोजों को फरनेंडों कोरोज की अमेरिका खोज की तरह आसान माना जाएगा। मेरा विचार है कि लिलीपुट निवासी इस योग्य नहीं हैं कि उन्हें फौज या जहाजी बेड़ा सौंपा जा सके। मैं पूछना चाहता हूँ कि क्या ब्रोबडिग्नैक के रहनेवालों को अधिकार में करने की बुद्धिमानी के बारे में विचार किया जा सकता है। अंग्रेजी फौजें क्या सिर पर मँडराते हुए उड़ते द्वीप को आसानी से कब्जे में कर सकती हैं। हुइहन्हन्म्स देश के रहनेवाले तो युद्ध के लिये तैयार ही न होंगे। युद्ध और शत्रुओं के बारे मे तो उन्हें कुछ ज्ञान भी नहीं है। यदि मैं राजमंत्री होता तो कभी भी इन लोगों पर आक्रमण करने की सलाह न देता।

उनकी बुद्धिमत्ता, एकता, निडरता और देशप्रेम की भावना युद्ध-कला की कमी को पूरा कर देती। विचार कीजिए यदि बीस हजार हुइन्हन्हन्म्स यूरोपीय फौज पर टूट पड़ें तो क्या दशा होगी। फौज में भगदड़ मच जाएगी, गाड़ियाँ उलट जाएँगी, उनके पिछले पैरों के प्रहारों से योद्धाओं की लाशें लोटने लगेंगी। वास्तव में आगस्टस के यश के पानेवाले यही लोग हैं इस उदार देश को जीतने के बजाय मेरा विचार है कि इन लोगों को यारोप के देशों में भेजा जाये। वहाँ जाकर ये लोग निवासियों को न्याय, आदर, सत्य, सहनशीलता, पवित्रता, मित्रता, दया, जन सहयोग और दूसरे गुणों के प्राथमिक सिद्धांत समझाएँगे। इन सब गुणों के नाम हमें सब भाषाओं में मिल जाते हैं। पुराने और आजकल के लेखकों में भी हमें इस तरह के शब्द मिल जाएँगे ऐसा मेरा विश्वास है।

एक-दूसरे कारण से भी मैं अपनी खोजों को राजा से बताना नहीं चाहता।

मेरी खोजों से साम्राज्य की उन्नति की आशा नहीं है। सच बात तो यह कि ऐसे मौकों पर मुझे राजा लोगों पर संदेह होने लगता है। उदाहरण के लिये डाकुओं का एक गिरोह तूफान से भटक जाता है। अंत में जहाज के एक मस्तूल से एक लड़के को भूमि दिखलाई पड़ती है। वे सब लूटपाट करने के लिये वहाँ जाते हैं। वहाँ उन्हें शांत प्रकृति के लोग मिलते हैं। वे लोग उनका स्वागत करते हैं। इस देश को नया नाम दिया जाता है। अपने राजा के लिये वह वहाँ पर अधिकार कर लेते हैं। यादगार के लिये वहाँ एक पुराने तख्ते पर पत्थर लगाया जाता है। वहाँ के दो तीन दर्जन निवासियों को कत्ल करने के बाद कुछ को नमूने के तौर पर अपने देश ले जाते हैं। अपने घर आकर क्षमा पा जाते हैं। दैवी सिद्धांत के अनुसार इसी प्रकार साम्राज्य बढ़ाया जाता है।

अवसर मिलते ही वहाँ जहाज भेज दिये जाते हैं। वहाँ के निवासियों को या तो भगा दिया जाता है या नष्ट कर डाला जाता है। वहाँ के राजाओं को धन के लिये यातनाएँ दी जाती हैं। अन्य और पाप करने की पूरी छूट दे दी जाती है। वहाँ की भूमि निवासियों के ख़ून से रँग जाती है। और दुर्गंध निकलने लगती है। इस तरह के कसाइयों के दल को आजकल साहसिक यात्री कहा जाता हैं आधुनिक समय में इसी को उपनिवेश स्थापित करना कहते हैं। असभ्य और मूर्तिपूजकों को सभ्य बनाने के लिये इसी उपाय को काम में लाया जाता है।

परंतु मैं स्वीकार करता हूँ कि ब्रिटेन को इस विवरण से कोई हानि नहीं होगी। यहाँ के निवासियों ने तो अपनी बुद्धिमत्ता, न्याय, सावधानी और उपनिवेश स्थापित करने में संसार के सम्मुख एक आदर्श प्रस्तुत कर दिया है। इन लोगों ने धर्म और योग्यता के प्रसार के लियें बहुत कुछ खर्च किया है। ईसाई धर्म की उन्नति के लिये इन लोगों ने बहुत प्रयत्न किया है। न्याय की उचित व्यवस्था की गयी है। उपनिवेशों में योग्य अधिकारियों की नियुक्त की गयी है। इन लोगों को मालूम ही नहीं है कि भ्रष्टाचार आदि क्या चीजें होती हैं। देश मे गुणवाले योग्य गवर्नरों को रखा जाये। इनका कार्य केवल जनता की भलाई करना और अपने राजा का सम्मान करना है।

मेरा विचार है कि ऊपर बताये हुए देशों में अपनी वीरता और साहस दिखाने का मौका नहीं है। इन देशों के निवासियों को जीते जाने, मारे जाने और भगा दिये जाने की कोई भी अभिलाषा नहीं है। इन देशों में सोना, चाँदी, चीनी

या तंबाकू भी नहीं पायी जाती। यदि कुछ लोगों का मत मेरे विरुद्ध हो तो मैं निश्चयपूर्वक कह सकता हूँ कि मेरे पहले किसी भी यूरोपियन ने इन देशों की यात्रा नहीं की है।

इन देशों को अपने राजा के नाम से अधिकार में लेने का प्रश्न मेरे दिमाग में आया ही नहीं। यदि उस परिस्थिति में इस तरह का कोई भी प्रश्न मेरे दिमाग में आता भी तो मैं बुद्धिमानी से उसे दूर मौके के लिये टाल देता।

इस प्रकार मैंने अपने एकमात्र दोष का जवाब दे दिया जो एक पर्यटक के रूप में मेरे ऊपर लगाया जा सकता है। मैं अपने दयालु पाठकों से अब अंतिम विदा लेता हूँ। रेड्रिफ के छोटे से बाग में मैं अब विचार करूँगा। हुइहन्हन्म्स लोगों की अमूल्य शिक्षाओं पर मनन करूँगा। अपने कुटुंब के येहो लोगों को उसी तरह की शिक्षाएँ दूँगा। शीशे मे अपनी आकृति देखकर धीरे-धीरे मनुष्यों को देखने का अभ्यास डालूँगा। हुइहन्हन्म्स लोगों पर जो अत्याचार हमारे देश में हो रहे हैं उससे मुझे अत्यंत दुख है; परंतु मेरे उदार मास्टर उसके कुटुंबवालों और मित्रों की जाति के होने के कारण मेरे दिल में इन लोगों के लिये बड़ी श्रद्धा है। यहाँ के घोड़ों का आकार भी उसी तरह का है; परंतु न मालूम क्यों इनका मानसिक पतन हो गया है।

पिछले सप्ताह से मैंने अपनी पत्नी को लंबी मेज के सिरे पर बैठने की अनुमति दे दी। मैंने उससे कहा कि वह मेरे सवालों का बहुत संक्षिप्त उत्तर दे। वास्तव में पुरानी आदतों को भूल जाना बहुत कठिन होता है। कभी-कभी येहो के पड़ोसी हो जाने पर मुझे डर लगने लगता है कि वह मुझे कहीं अपने दाँत या जबड़े से पकड़ न ले।

मैं येहो लोगों से घुल-मिल सकता हूँ यदि उन लोगों को प्रकृति के दोषों और दुर्गुणों से ही संतोष हो जाये। अब मुझे वकील, जेब काटने वाले, कर्नल, मूर्ख, सामंत, खिलाड़ी, राजनीतिज्ञ, डॉक्टर, गवाह, झूठी शपथ दिलाने वाले, मुख्तार और देशघातक लोगों को देखकर जरा भी गुस्सा नहीं आता। यह सब बातें धीरे-धीरे ठीक हुईं परंतु जब मैंने शारीरिक और मानसिक बीमारियों और अवगुणों को देखा तो मुझे बड़ा धक्का लगा। इन सबको देखकर मेरी सहनशीलता का बाँध टूट गया। मैं सोचने लगा कि मनुष्य में इस तरह के दुर्गुण किस तरह आ गये। बुद्धिमान् और यशस्वी हुइहन्हन्म्स लोगों की भाषा में यह इस तरह के

दुर्गुणों के लिये शब्द भी नहीं है। किसी भी बुरी चीज के बारे में वे कुछ भी बता नहीं सकते।

येहो लोगों की घृणित आदतों से वे इस तरह की बातें प्रगट करते थे। घमंड के कारण वे लोग ऐसा नहीं करते हैं; परंतु मानवीय गुणों से हीन ज्ञान होने के कारण ही वे लोग ऐसा करते हैं। अनुभव होने के कारण मैंने येहो लोगों में इस तरह की कुछ बातें पायी हैं।

परंतु हुइहन्हन्म्स देश के बुद्धिमान् लोग अपने गुणों का बखान नहीं करते हैं। जिस तरह हम लोग हाथ या पैर न होने से कष्ट सहन करते हुए भी उसके बारे में कहते नहीं है। इस विषय पर अधिक चर्चा का कारण यही है कि मैं अंग्रेजी येहो समाज को सभ्य और सुरक्षित बनाना चाहता हूँ। इसलिये दुर्गुणयुक्त मनुष्यों से मेरी प्रार्थना है कि वे मेरे सामने न आयें।